제 실패를 팝니다

제 실패를 팝니다

ⓒ 전현철, 2025

초판 1쇄 발행 2025년 9월 24일

지은이	전현철
펴낸이	이기봉
편집	좋은땅 편집팀
펴낸곳	도서출판 좋은땅
주소	서울특별시 마포구 양화로12길 26 지월드빌딩 (서교동 395-7)
전화	02)374-8616~7
팩스	02)374-8614
이메일	gworldbook@naver.com
홈페이지	www.g-world.co.kr

ISBN 979-11-388-4761-2 (03320)

- 가격은 뒤표지에 있습니다.
- 이 책은 저작권법에 의하여 보호를 받는 저작물이므로 무단 전재와 복제를 금합니다.
- 파본은 구입하신 서점에서 교환해 드립니다.

'실패'에는 명확한 공식과 반복되는 이유가 있다

제 실패를 팝니다

전현철 지음

좋은땅

들어가기

장사하기 참 힘든 시기입니다. 저는 이 사실을 2016년부터 2023년까지 배달음식점을 운영하면서 뼈저리게 느꼈습니다. 저는 배달음식점을 운영하면서 배민 맛집 랭킹 1위도 달성해 보았습니다. 직영점도 늘렸습니다. 하지만 상표권 분쟁을 두 차례 겪고 난 후 제 스스로가 많이 지쳤습니다. 당연하게도 매장의 매출은 곤두박질쳤습니다. 변명의 여지 없이 제 잘못입니다.

장사가 잘돼도 망할 수 있구나를 느꼈습니다. 장사를 하면서 성장하는 방법과 생존하는 방법은 구분해야 한다는 것을 배우게 되었습니다. 그리고 장사해 오면서 경험했던 것들을 기록하기 시작했습니다. 대한민국 자영업자 대표 커뮤니티 회원수 160만이 있는 〈아프니까 사장이다〉 네이버 카페가 있습니다. 저는 제 기록을 이곳에 공유했습니다.

많은 사장님들이 제 글을 읽고 공감도 많이 하시고, 도움도 정말 많이 되었다며 응원을 많이 주셨습니다. 그런 반응을 보면서 "사장님들께 도움이 되는 일을 해 보자"라는 마음이 생겼습니다. 제가 이 책을 쓰고 사장님을 위한 가계부 어플 "일기월장"을 개발하고 있는 이유입니다.

 사장님들께서는 성공을 위한 방법이 어떤 것이 있다고 생각하시나요? 대부분 자신의 분야에서 성공하신 분들의 인터뷰를 보면 한결같이 "운"을 강조하십니다. 참 희한합니다. 밤낮없이 일하고, 탁월한 분석력으로 중요한 결정을 내리고, 개인적인 노력과 능력이 아니라 "운"을 이야기합니다.

 한편으로는 이해가 가는 부분이 있습니다. 몇 해 전 한 티비 예능 프로그램에서 로제크림떡볶이가 나왔습니다. 해당 메뉴로 유명한 배○떡볶이 프랜차이즈는 엄청난 성장을 했습니다. 기존에 다른 떡볶이 프랜차이즈를 한 사장님들은 그 기간에 매출이 많이 감소했을 것입니다. 배○ 떡볶이 프랜차이즈가 성공한 이유는 결국 "운"이 크게 작용했습니다. 이러한 사례는 자영업뿐만 아니라 주변에 엄청 많습니다.

 경쟁자보다 더 많은 노력과 에너지를 쏟았음에도 그 결과가 실망스러운 적이 많으셨을 것입니다.
 이 글을 읽는 사장님들께서는 그 누구보다도 열심히 장사를 하고 있지만 참 어려운 시기를 겪고 계실 것입니다. 저 역시 그랬으니까요. 하지만 제가 배운 중요한 교훈은, 성공을 하기 위해서는 "운"이 필요하고, "운"을 얻기 위해서는 "운"이 올 때까지 생존해 있어야 한다는 것입니다.

이 책은 사장님의 "운"이 올 때까지 생존할 수 있게 도움을 주는 책입니다. 힘들고 어려운 시기를 견디며, 작은 성취를 이루어 나가면서 결국 성공의 기회를 잡을 수 있도록 돕기 위해 이 책을 썼습니다. 사장님들의 여정에 이 책이 작은 힘이 되기를 바라겠습니다.

제 자영업 경력이 외식업에 있다 보니 책의 전체적인 구성은 음식점에 맞춰져 있습니다. 하지만 제가 경험한 것들은 다른 산업에서도 충분히 도움이 될 만한 이야기입니다.

제가 이 책을 쓰는 이유는 간단합니다.

저와 같은 이유로 사장님이 실패하지 않기를 바라기 때문입니다.
이 책에 담긴 실패는 제가 직접 경험한 실패와 간접적으로 바라본 실패들입니다.

목차

들어가기   5

창업

제1장   사장님, 그 좋은 계획, 머릿속에만 두실 건가요?   14

제2장   사장님, 그 떨리는 첫 상가 계약, 이것만은 알고 가세요!   27

제3장   사장님, 프랜차이즈 함부로 고르지 마세요:
'덜 나쁜' 곳 찾는 최소한의 기준   32

자금 운영

제4장   사장님, 세금 때문에 밤잠 설치지 마세요:
청년이라면 꼭 알아야 할 '청년세액감면제도'   40

제5장   사장님, '빚'내서 창업하시게요? 대출, 정말 괜찮을까요?   45

제6장   사장님, 혼자 끙끙 앓지 마세요:
위기의 순간, '신용보증재단'이 힘이 될 수 있습니다   50

세금

제7장	사장님, 부가세 폭탄 피하고 싶으시죠? 외식업 사장님을 위한 '맞춤형 부가세' 완전정복	58
제8장	사장님, 5월 종합소득세, '남 일'처럼 맡겨만 두실 건가요? (추계신고의 함정과 세무앱 바로 알기)	74
제9장	사장님, 세금 적게 내면 무조건 좋을까요? (부가세와 종합소득세, 그리고 '관리'의 기술)	90
제10장	사장님, 다음 달 '보험료 폭탄'에 대비하셨나요? (국민연금·건강보험료의 숨겨진 규칙)	103
제11장	사장님, '망했을 때'를 위한 최소한의 안전장치는 마련하셨나요? (노란우산공제, 아는 만큼 힘이 됩니다)	111

직원 관리

제12장	사장님, 직원 뽑고 '끝'인 줄 아셨죠? (4대보험, 원천세, 주휴수당 모르면 큰일 납니다!)	120
제13장	사장님, 월급 300 직원 뽑으면 진짜 300만 원만 나갈까요? (첫 직원 채용 시 숨겨진 비용의 함정)	129
제14장	사장님, '알바생 3.3% 신고' 아직도 하고 계신가요? (프리랜서 고용이 불법인 이유와 그 후폭풍)	139
제15장	사장님, 우리 가게 직원 수, '5명' 넘으셨어요? (5인 이상 vs. 5인 미만 사업장, 하늘과 땅 차이 노동법!)	148

제16장	그래서, 우리 가게는 '몇 명'짜리 가게인가요?	
	(5인 기준, 알쏭달쏭 상시근로자 수 계산법 완벽 마스터!)	158
제17장	사장님, 사업자 두 개로 '꼼수' 쓰려다 세금·노무 폭탄 맞습니다!	
	(위험천만 사업자 쪼개기의 모든 것)	166
제18장	사장님, 외국인 직원 뽑으려다 속 터지시죠?	
	(까다로운 합법 고용 절차와 현실적인 문제점)	175

마케팅

제19장	사장님, '마케팅'은 어려운 게 아닙니다!	
	(온라인 장사의 첫걸음, '키워드'부터 잡으세요)	186
제20장	사장님, '키워드 도구' 똑똑하게 써먹는 10가지 비법	
	(feat. 네이버 키워드, 판다랭크, 블랙키위)	194
제21장	사장님, 네이버 '파워링크'가 '파워'만 믿고 쓰면	
	'깡통' 됩니다! (똑똑한 사장님의 파워링크 100% 활용법)	202
제22장	사장님, 네이버 플레이스, '간판'도 갈고 '전단지'도 돌리셔야죠!	
	(플레이스 최적화와 소상공인 광고 200% 활용법)	212
제23장	사장님, '체험단'으로 우리 가게 '입소문' 제대로 내는 법!	
	(feat. 사기꾼 업체 피하는 꿀팁)	221
제24장	사장님, 옆집 손님도 놓치실 건가요?	
	(당근마켓 광고로 우리 동네 손님 꽉 잡는 비법)	231
제25장	사장님, 우리 가게 '유튜브 스타' 한번 만들어 볼까요?	
	(유튜브 체험단·협찬의 효과와 비용, 그리고 '숏폼'이라는	
	새로운 기회)	241

상표권

제26장 사장님, 그 이름 쓰시면 큰일나요!
(내용증명 받고 가게 접을 뻔했던 상표권 이야기) 252

제27장 사장님, '내 가게 이름표' 인터넷으로 직접 다는 법!
(특허로 상표출원 A to Z, 비용까지 총정리) 264

제28장 사장님, 상표권 소송 해 보셨나요?
(피눈물로 써 내려간 어느 자영업자의 상표권 분쟁
실록과 현실 조언) 274

제29장 사장님, '찜콩'이나 '찜꽁'이나, 손님들 눈엔 '그게 그거'랍니다!
(상표 유사 판단, 왜 이렇게 중요할까요?) 282

마무리

제30장 사장님, 성공은 운입니다.
그러니 우리는 '실패하지 않는 법'부터 배워야 합니다. 294

창업

제1장
사장님, 그 좋은 계획, 머릿속에만 두실 건가요?

　장사를 시작하려는 사장님이라면 누구나 머릿속에 그럴싸한 청사진 하나쯤은 품고 계실 겁니다. "이 아이템이라면 대박이지!", "손님들이 줄을 설 거야!" 하는 설렘과 함께 말이죠. 그런데 사장님, 혹시 그 빛나는 계획을 아직도 머릿속에만 고이 모셔 두고 계시진 않나요?

　많은 사장님들이 여기서 첫 번째 실수를 하곤 합니다. 계획을 문서로 구체화하지 않는 것. 마치 나침반 없이 항해를 시작하는 배와 같습니다. 당장은 열정과 감으로 헤쳐 나갈 수 있을지 몰라도, 얘기치 못한 풍랑을 만나면 방향을 잃고 표류하기 십상입니다. 장사를 즉흥적으로 한다는 건, 앞으로 닥쳐올 수많은 변수에 맨몸으로 부딪히겠다는 것과 다르지 않습니다.

　그래서 저는 감히 말씀드립니다. 사장님의 소중한 생각을, 그게 아무리 간략하더라도 꼭 한번 종이 위에 적어 보시라고요. 우리는 이걸 보통 '사업계획서'라고 부릅니다. 이름이 좀 거창해서 그렇지, 알고 보면 별거 아닙니다. 그저 사장님의 생각을 정리하고, 스스로에게 질문을 던지며 사업의 뼈대를 세우는 과정이니까요.

그럼, 이 '나만의 사업 지도'에 어떤 내용을 담으면 좋을까요? 제 경험을 바탕으로 꼭 필요한 핵심들만 추려 봤습니다.

1. 사장님의 경력: 모든 경험은 자산입니다!

"내가 해 왔던 일이 지금 하려는 장사랑 무슨 상관이람?" 생각하실 수도 있습니다. 하지만 사장님, 절대 그렇지 않습니다. 사장님께서 걸어온 모든 길, 겪었던 모든 경험 속에는 반드시 이번 사업에 도움이 될 '무언가'가 숨어 있습니다. 그게 기술이든, 노하우든, 하다못해 사람을 대하는 태도일 수도 있죠.

- **사장님의 경력을 자세히 적어 보세요.** 어떤 일을 하셨고, 그 경험이 지금의 사업에 어떤 식으로 도움을 줄 수 있을지 연결고리를 찾아보는 겁니다. 이 과정에서 사장님도 몰랐던 강점을 발견할 수도 있고, 사업의 신뢰도를 높이는 중요한 이야깃거리가 되기도 합니다.

2. 사장님의 장점: 우리 가게만의 강력한 무기!

사장님께서 남들보다 잘하는 것, 자신 있는 것은 무엇인가요? 이걸 명확히 아는 것이 중요합니다. 사장님의 장점은 곧 우리 가게의 경쟁력이자, 고객을 끌어당기는 강력한 무기가 되기 때문입니다.

- **사장님의 장점을 파악하고, 이를 사업에 어떻게 녹여낼지 구체적으로 적어 보세요.** 예를 들어, 고객과의 소통에 능하다면, 이를 바탕으로 감동적인 고객 서비스 전략을 펼칠 수 있겠죠.

3. 사장님의 단점: 인정하고 보완하면 더 큰 성장으로!

어쩌면 가장 마주하기 싫은 부분일 수도 있습니다. 하지만 자신의 단점을 정확히 아는 것은 넘어지지 않기 위해 어디를 조심해야 하는지 살피는 것과 같습니다. 단점을 알아야 보완할 방법을 찾고, 때로는 그 단점이 오히려 새로운 기회가 되기도 합니다.

- **솔직하게 자신의 단점을 적어 보고, 이를 어떻게 보완할지 계획을 세워 보세요.** 예를 들어 숫자에 약하다면, 요즘 잘 나오는 회계 프로그램을 활용하거나 믿을 만한 세무사의 도움을 받는 것도 방법입니다.

4. 사장님의 현재 재무 상태: 사업의 기초 체력 점검!

"그래서, 지금 수중에 얼마가 있지?" 장사를 시작하기 전에 가장 현실적으로 파악해야 할 부분입니다. 현재 가진 자산, 갚아야 할 빚, 매달 나가는 고정 지출 등을 정확히 알아야 앞으로의 자금 계획을 세울 수 있습니다.

- **현재 자산, 부채, 월별 고정 지출 등을 꼼꼼히 적어 보세요.** 이는 사장님 사업의 '기초 체력'을 진단하는 중요한 과정입니다.

5. 예상 월 수익: 현실적인 목표와 생존 기간 예측

뜬구름 잡는 이야기가 아닙니다. 이 사업으로 한 달에 얼마나 벌 수 있을지, 현실적인 수치를 기반으로 예상해 보는 겁니다. 이는 매출 목표 설정뿐 아니라, 현재 가진 자금으로 얼마나 버틸 수 있을지, 즉 '생존 가능 기간'을 예측하는 데 아주 중요합니다.

- **예상되는 월 수익과 지출을 계산해 보세요.** 만약 초기 자금으로 6개월 정도 버틸 수 있다고 나온다면, 그 6개월 안에 반드시 수익을 내기 위한 치밀한 전략이 필요하겠죠.

6. 만약 이 장사가 망한다면? 실패 시나리오 그려 보기

"시작도 전에 망하는 소리냐!" 하실 수도 있겠지만, 사장님, 이게 정말 중요합니다. 최악의 상황을 미리 그려 보고, '왜 망할 수 있을까?' 그 이유들을 구체적으로 적어 보는 겁니다. 그리고 각 이유에 대해 '나라면 어떻게 해결할 수 있을까?' 혹은 '이건 도저히 내가 해결 못 하겠다'를 판단하는 거죠.

- **내 사업이 실패할 수 있는 이유들을 생각나는 대로 적어 보세요.** 예를 들면 이런 것들입니다.
  1) **고객 수요 부족**: 초기 시장 조사 부족으로 고객 수요를 과대평가 했을 때.
  2) **자금 부족**: 예상보다 운영 비용이 많이 들어 자금이 빨리 소진될 때.
  3) **경쟁 과열**: 같은 지역에 경쟁 업체가 너무 많아 시장 점유율을 확보하기 어려울 때.
  4) **운영 비용 증가**: 원자재 가격 상승, 임대료 인상 등으로 인해 예상보다 비용이 많이 들어갈 때.
  5) **고객 불만**: 고객 서비스가 미흡해 많은 불만이 제기되고, 이는 매출 감소로 이어질 때.
  6) **마케팅 실패**: 효과적인 마케팅 전략을 세우지 못해 고객에게 다가가지 못할 때.

이런 식으로 사업계획서를 작성하면 사장님께서 계획하고 있는 사업을 훨씬 체계적으로 정리할 수 있습니다. 이건 단순한 서류 작업이 아니라, 사업 성공을 위한 첫 단추이자 든든한 지침서가 되어 줄 겁니다.

제 실패와 경험으로 본 사업 계획의 실제

자, 이렇게 이론적인 내용을 말씀드렸으니, 이제 제 실제 경험을 통해 이 계획들이 어떻게 적용되었는지 말씀드리는 것이 사장님들께 더 와닿을 것 같습니다.

저는 스무 살, 일산의 유명한 "가나안 오리고깃집"에서 외식업에 첫 발을 디뎠습니다. 이후 해군 장교 식당 조리병으로 복무했고, 전역 후에는 대형 프랜차이즈 "애슐리", 브런치 카페 "Cafe 37.5" 등 정말 여러 곳에서 다양한 경험을 쌓았습니다. 제 나이 스물아홉에 드디어 제 가게를 열기로 마음먹었을 때, 이 경험들은 사업계획서의 '경력'란을 채우는 든든한 자산이 되었습니다.

- **저의 장점은 명확했습니다.** 10년간 한 길을 걸으며 쌓아온 다양한 외식업 경험. 한 가지 메뉴에 특화된 대형 음식점부터 전국 100여 개 직영점을 거느린 기업형 외식업체, 그리고 골목 식당에서 시작해 전국구 프랜차이즈로 성장한 개인 음식점까지. 이처럼 다양한 환경에서 일해 본 경험은 음식점을 운영하며 마주칠 여러 상황에 유연하게 대처할 수 있는 능력을 길러 주었습니다.
- **반면, 저의 단점 또한 뚜렷했습니다.** 10년 내내 저는 '직원'이었습니다. 사업자를 내 본 적도, 세금이나 근로기준법 같은 행정적인 업무를 처리해 본 적도 없었죠. 이 부분은 사업계획서에 '개인적으로 시

간을 내어 반드시 공부해야 할 부분'이라고 명시했습니다. 실제로 창업 준비와 병행하며 관련 서적을 읽고, 필요하다면 전문가의 도움을 받을 계획을 세웠습니다.

- **재무 상태는 솔직히 좋지 않았습니다.** 보증금 1,000만 원에 월세 45만 원, 권리금 200만 원을 주고 기존에 술집으로 운영하던 작은 상가를 얻었습니다. 가진 돈이 넉넉치 않았기에, 최소한의 인테리어 비용으로 시작할 수 있는 배달 전문 음식점을 운영하기로 결정했습니다.

- **그래서 얼마나 버틸 수 있을까 계산해 봤습니다.** 월세 45만 원, 기타 운영비 넉넉히 30만 원. 숨만 쉬어도 매달 75만 원이 나가는 구조였습니다. 제 개인 생활비까지 고려하면 최소 150만 원의 순수익이 필요했습니다. 그래서 초기 3개월은 저녁에만 배달 음식점을 운영하고, 오전에는 다른 곳에서 아르바이트를 하기로 과감히 결정했습니다. 부족한 자금 상황에서 생존 기간을 늘리기 위한 저만의 방식이었죠.

- **망할 수 있는 이유들도 적어 봤습니다.** 위에서 예시로 들었던 '고객 수요 부족', '자금 부족' 등을 제 상황에 대입해 보고, '이 정도면 내가 해결할 수 있겠다', '이건 이렇게 대비하자' 스스로 점검했습니다. 만약 이 과정에서 '도저히 해결할 수 없는 문제'가 발견된다면, 그 장사는 시작하지 않는 것이 현명하다고 판단했기 때문입니다.

아이템이 먼저? 상권이 먼저? 제 답은 '상권' 그리고 '회전율'입니다

"사장님, 아이템 선정이 먼저일까요, 아니면 상권 분석이 먼저일까요?" 참 어려운 질문입니다. 닭이 먼저냐 달걀이 먼저냐 같죠. 그럼에도 제가 감히 추천드리는 방법은 **"상권"이 먼저**라는 것입니다. 물론 사장님의 아이템이 세상을 깜짝 놀라게 할 만큼 독보적이라면 어디서든 성공하시겠지만, 아쉽게도 대부분의 평범한 우리들은 '상권'의 특성에 맞는 아이템을 선택해야 생존 확률을 높일 수 있습니다.

제가 처음 장사를 시작한 곳은 부천 송내역 남부였습니다. 당시 그곳은 1호선을 기준으로 북부와 남부로 상권이 뚜렷하게 나뉘어 있었는데, 제가 택한 남부 상권은 북부에 비해 연령층이 높고 유동인구가 적은 편이었습니다. (물론 출퇴근 시간이나 인근 대학 통학버스가 오가는 시간에는 젊은 유동인구가 순간적으로 늘긴 했지만, 그들이 지갑을 여는 소비 상권은 아니라고 판단했습니다.) 그래서 저는 과감히 홀 장사를 포기하고, 배달 전문 음식점을 운영하는 것이 낫다고 결론 내렸습니다.

이렇게 상권 분석을 통해 '배달 전문점'이라는 업태를 결정하고 나니, 메뉴 선정은 오히려 수월해졌습니다. 배달 음식은 온라인으로 주문받기 때문에 특정 지역 상권의 아주 세밀한 특성까지 맞출 필요는 없었으니까요. 그때부터 저는 매일 '배달의민족' 어플을 켜고 부천 지역에서 어떤 메뉴가 잘 팔리는지, 어떤 메뉴가 경쟁력이 있을지 눈에 불을 켜고 찾아보기 시작했습니다.

- **저의 선택은 "닭도리탕"이었습니다.** 남녀노소 호불호가 크게 갈리지 않는 대중적인 메뉴였고, 객단가도 평균 23,000원 선으로 괜찮았습니다. 무엇보다 앞서 사업계획서에 적었던 '망할 수 있는 이유'들에 대입해 봤을 때, "닭도리탕"은 여러 위험 요소를 피해갈 수 있는 좋은 아이템이었습니다.

저야 배달 음식점을 창업했으니 상권의 범위가 홀 매장보다 넓어 메뉴 선정에 비교적 자유로웠지만, 홀 매장 창업을 계획하시는 사장님이라면 더욱더 그 상권에 꼭 맞는 메뉴를 선정하셔야 합니다.

여기서 중요한 개념이 바로 "회전율"입니다. 쉽게 말해 고객 한 팀이 매장에 들어와 식사를 마치고 나갈 때까지 걸리는 시간이죠. 외식업은 특히 점심시간, 저녁시간처럼 바쁜 시간이 정해져 있다 보니, 이 짧은 피크타임에 얼마나 많은 손님을 받아 매출을 올리느냐가 관건입니다.

- **회전율이 빠르다:** 고객의 평균 식사 시간이 15분 내외로 짧은 경우.
  (예: 국밥, 분식, 패스트푸드)
- **회전율이 느리다:** 고객의 평균 식사 시간이 그 이상으로 긴 경우.
  (예: 코스 요리, 숯불구이, 좌식 카페)

이 회전율에 따라 외식업의 수익 구조는 크게 달라집니다. 예를 들어, 점심시간 직장인이 몰리는 오피스 상권이라면 음식 가격은 비교적 낮더라도 조리 시간이 빠르고 회전율이 높은 국밥, 면, 돈가스 같은 메뉴가 유리하겠죠. 반대로 저녁 시간 유흥가나 술집이 밀집한 곳이라면 회전율은 다소 느리더라도 객단가가 높은 숯불구이, 찜, 탕 종류의 메뉴가 적합할 겁니다.

이 회전율 개념은 비단 외식업에만 적용되는 것이 아닙니다. 소매업에서는 보통 '재고 회전율'이라고 표현하죠. 쇼핑몰을 운영하신다면 특정 아이템의 재고가 창고에 머무는 시간이 짧을수록, 즉 재고 회전율이 높을수록 잘 팔리는 상품이라는 의미입니다.

제가 드리고 싶은 결론은 이겁니다. **사업을 시작하실 때, 먼저 상권을 깊이 들여다보시고, 그 상권의 특성에 맞는 '회전율'을 가진 아이템을 선택하시라는 겁니다.**

사장님, 이것만은 꼭! 초간단 손익계산이라도 해 봅시다

자, 회전율까지 이해하셨다면 이제 하루 손익계산 정도는 정말 쉽게 하실 수 있습니다. 더하기, 빼기가 대부분이고 곱하기가 조금 있을 뿐입니다. 거창한 회계 지식이 없어도 괜찮습니다. 중요한 건, 이 손익계산을 '대충이라도' 해 봐야 사장님의 현재 재무 상태를 바탕으로 언제까지 적자를 버텨낼 수 있을지, 즉 '생존 가능 기간'을 가늠해 볼 수 있다는 점입니다. 장사라는 것이 시작하자마자 대박 나면 더할 나위 없이 좋겠지만, 인생사 어디 그렇던가요. 대부분은 어느 정도의 어려움을 겪기 마련입니다. 그래서 내가 얼마나 버틸 수 있는지 아는 것은 정말 중요합니다.

위에 제가 닭도리탕 배달 전문점을 하기로 결정했을 때, 저는 이렇게 간단하게 손익계산을 해 봤습니다.

- **현재 주방 화구 개수:** 2개
- **닭도리탕 1개 조리 시간:** 약 15분
- **시간당 주문 처리 가능한 닭도리탕 개수 (보수적으로):** 6개 (2구 동시 조리 및 포장 시간 고려)
- **평균 예상 객단가:** 25,000원
- **시간당 최대 예상 매출:** 6개 × 25,000원 = 150,000원
- **나의 영업시간:** 저녁 6시 ~ 새벽 2시 (총 8시간)
- **8시간 동안 최소 예상 판매 개수 (매우 보수적으로):** 10개
- **하루 예상 매출:** 10개 × 25,000원 = 250,000원
- **한 달 (27일 영업 기준) 예상 월 매출액:** 250,000원 × 27일 = 6,750,000원

이제 지출을 계산해 볼까요?

- **월세:** 400,000원
- **기타 잡비 (포장 용기, 소모품 등):** 350,000원
- **공과금 (가스비, 전기세, 수도세 등):** 300,000원
- **재료비 (매출의 약 30% 가정):** 6,750,000원 × 30% = 2,025,000원 (편의상 200만 원으로 기재)
- **배달 대행 수수료 및 배달앱 비용 (매출의 약 15% 가정):** 6,750,000원 × 15% = 1,012,500원 (편의상 100만 원으로 기재)
- **광고비 (배달앱 광고 등, 매출의 약 10% 가정):** 6,750,000원 × 10% = 675,000원 (편의상 60만 원으로 기재)
- **총 예상 지출 합계:** 40만 + 35만 + 30만 + 200만 + 100만 + 60만 = 465만원

그렇다면,

- **예상 월 순수익:** 675만 원 (매출) - 465만 원 (지출) = **210만 원**

다시 한번 말씀드리지만, 이걸 회계 장부처럼 정확하게 계산하라는 의미가 아닙니다. 중요한 건, 장사를 시작하기 전에 **내가 가진 현금을 확인하고, 위와 같이 장사가 이루어진다면 얼마나 버틸 수 있을지, 언제쯤이면 내 통장에 돈이 쌓이기 시작할지 대략적으로나마 가늠해 보는 그 과정 자체**입니다.

인터넷에 떠도는 어려운 사업계획서 양식이나 복잡한 회계 프로그램에 기죽지 마세요. 저처럼 그냥 메모장에 쓱쓱 적어 보는 겁니다. 그것만으로도 사장님의 장사는 훨씬 단단해질 수 있습니다.

제2장
사장님, 그 떨리는 첫 상가 계약, 이것만은 알고 가세요!

스물 후반, 젊은 나이에 내 가게를 갖겠다는 부푼 꿈을 안고 부동산 문을 두드리던 때가 생각납니다. 그때 얼마나 떨리고 막막하던지요. 인터넷으로 정보를이란 정보는 다 찾아보고, 실제 계약 상황을 혼자 연습까지 해 봤던 기억이 생생합니다. 마치 큰 시험을 앞둔 수험생 같았죠.

지금은 매장 이사를 두 번이나 경험하면서 나름의 노하우도 생겼습니다. 그래서 오늘은 사장님들께서 그 설레면서도 불안한 첫 상가 계약을 조금이라도 더 현명하게 하실 수 있도록, 그리고 원하는 가게를 좀 더 빨리 찾고, 또 나중에 내 가게를 내놓을 때도 도움이 될 만한 제 경험과 팁들을 정리해 보려고 합니다.

1. 사장님, 가게 자리는 '이것'부터 정하세요! - 상권, 그리고 출퇴근 거리

많은 사장님들이 창업을 준비하면서 "어떤 아이템을 할까?"를 가장 먼저 고민하십니다. 물론 아이템 선정도 중요하지만, 저는 감히 말씀드립니다. **아이템보다 "상권"을 먼저 고려하시라고요.** 좋은 상권이 정해지면, 그 상권의 특성에 맞는 아이템을 선택하는 것이 실패 확률을 줄이고 수익률을 높이는 지름길입니다. "우리 동네 사람들이 뭘 좋아할까?", "이 길을 지나다니는 사람들은 어떤 걸 필요로 할까?"를 먼저 고민하는 거죠.

그리고 여기서 정말 중요한, 어쩌면 가장 현실적인 조언을 하나 드리겠습니다. **가장 좋은 상권은 사장님 집에서 출퇴근 거리가 짧은 곳입니다.** 많은 사장님들이 하루 12시간 이상 가게에 머무릅니다. 그런데 출퇴근 시간까지 왕복 2~3시간이 걸린다면? 하루에 14~15시간을 길 위와 가게에서 보내는 셈입니다. 상상만 해도 지치지 않으신가요? 집과 매장 거리가 멀면 매일 반복되는 피로감에 업무 효율은 뚝 떨어지고, 장기적으로는 건강까지 해칠 수 있습니다. 저 역시 첫 매장은 멋모르고 먼 곳에 얻었다가, 출퇴근길에 진을 다 빼고 정작 매장 운영에 집중하지 못했던 아픈 경험이 있습니다.

2. 발품 팔아 좋은 가게 찾는 현실적인 방법

자, 마음속에 원하는 상권, 그리고 출퇴근 가능한 거리를 정하셨다면 이제 본격적으로 상가를 찾아 나설 차례입니다. "좋은 가게는 어떻게 찾아야 할까?" 막막하실 텐데요, 제 경험상 가장 빠르고 효과적인 방법은 **최대한 많은 부동산 사무실에 직접 연락하고 방문하는 것**입니다.

"한두 군데 큰 부동산에만 가면 되는 거 아니야?" 생각하실 수도 있지만, 상가 매물은 아파트처럼 정보가 활발하게 공유되지 않는 경우가 많습니다. 특히 괜찮은 상가 매물은 나오자마자 빠르게 계약되기 때문에, 각 부동산 사무실에서는 자기들이 확보한 매물을 먼저 중개하려고 합니다. 심지어 같은 사무실에서 일하는 중개인들끼리도 좋은 상가 매물 정보를 공유하지 않는 경우도 허다합니다. 그러니 사장님께서 직접 발로 뛰며 여러 부동산 사무실의 문을 두드리고, 원하는 조건(예: 면적, 예산, 특정 시설 필요 여부 등)을 명확하게 전달하는 것이 중요합니다. 이렇게 적극적으로 움직이시면 부동산 중개인분들도 '아, 이 사장님은 정말 가게를 얻으실 분이구나.' 생각하고 더 적극적으로 매물을 찾아주실 겁니다.

3. 계약 도장 찍기 전, 잠시만요! 필수 체크리스트

마음에 쏙 드는 매물을 찾으셨다고요? 정말 축하드립니다! 하지만 사장님, 아직 끝이 아닙니다. 계약서에 도장을 찍기 전, 반드시 확인해야 할 몇 가지 중요한 사항들이 있습니다. 이걸 놓치면 나중에 정말 골치 아픈 문제로 번질 수 있으니, 꼭 기억해 주세요.

● **도시가스 들어오나요? (도시가스 여부)** 외식업을 하신다면 난방이

나 취사에 도시가스는 필수적이죠. 간혹 LPG를 사용해야 하는 건물도 있는데, 이는 비용이나 편의성 면에서 차이가 클 수 있습니다. 반드시 확인하세요.

- **전기, 충분히 쓸 수 있나요? (전기 용량)** 사장님 업종에 따라서는 이게 생명줄일 수도 있습니다. 특히 냉난방기 외에도 전기를 많이 사용하는 장비(커피 머신, 오븐, 냉동고 등)를 사용하신다면 현재 상가의 전기 용량이 충분한지, 부족하다면 증설이 가능한지, 가능하다면 비용은 얼마나 드는지까지 꼼꼼히 확인해야 합니다. 전기 용량 부족하면 장사 시작도 못 하는 수가 있습니다.

- **여름, 겨울 걱정 없겠죠? (에어컨 등 냉난방 시설)** 기존에 설치된 에어컨이나 난방기가 있다면 작동 상태는 양호한지, 수리나 교체가 필요하진 않은지 확인하세요. 새로 설치해야 한다면 그 비용도 만만치 않으니까요.

- **구청 확인은 기본 중의 기본! (관할 구청 문의)** 이거 정말 중요합니다, 사장님! 해당 지역 구청의 **위생과**와 **하수과**에 꼭 연락해서 현재 계약하려는 점포에 문제가 없는지 확인해야 합니다. 예를 들어, 이전 사업자가 위생 관련 법규를 위반한 이력이 있거나, 정화조 용량 문제로 특정 업종(특히 요식업)의 허가가 나지 않는 경우가 있을 수 있습니다. "에이, 설마 무슨 문제 있겠어?" 하고 넘어갔다가 나중에 '이게 왜 안 돼?' 하고 머리 싸매는 일 없으려면, 계약 전에 반드시, 두 번 세 번 확인하셔야 합니다.

4. 부동산 직거래, 괜찮을까요? 제 경험을 나눠 드립니다

"부동산 직거래는 위험하다던데…" 맞습니다. 일반적으로 그렇게 생각하시는 분들이 많고, 저도 처음엔 그랬습니다. 하지만 저는 두 번의 매장 계약 모두 임차인과 임대인이 직접 만나는 직거래로 진행했습니다. 그리고 내린 결론은, **보증금이나 월세가 상대적으로 저렴하고, 계약 당사자 간 몇 번 만나 대화를 나눠 보니 신뢰가 간다면 직거래도 충분히 고려해 볼 만하다**는 것입니다.

솔직히 말씀드리면, 부동산 중개 사무실을 통해 계약서를 작성한다고 해도, 나중에 상대방이 작정하고 문제를 일으키면 골치 아픈 건 매한가지입니다. 물론 중개인을 통하면 법적인 보호를 좀 더 받을 수 있다는 장점은 있겠죠. 하지만 소액의 계약이라면, 그 수수료도 부담이 될 수 있습니다.

만약 마음에 드는 상가를 찾았는데 직거래 매물이고, 전 임차인이나 건물주와 몇 번 만나 이야기를 나눠 보니 "아, 이 사람 괜찮다." 싶은 느낌이 온다면, 용기 내어 직거래를 진행해 보시는 것도 나쁘지 않습니다. 정 불안하시다면, **근처 부동산 사무실에 찾아가 계약서 작성만 대행해 달라고(이를 '대서'라고 합니다) 요청**할 수도 있습니다. 이 경우 보통 나가는 사람과 들어오는 사람 각자 10만 원 내외의 수수료를 지불하면 깔끔하게 계약서를 작성할 수 있습니다.

제3장
사장님, 프랜차이즈 함부로 고르지 마세요: '덜 나쁜' 곳 찾는 최소한의 기준

개인점으로 가게를 운영한다는 것, 사장님, 그거 참 힘든 일입니다. 저도 뼛속까지 느껴 봤습니다. 매일 아침 신선한 식자재를 들이는 것부터 시작해서, 손님들 입맛 사로잡을 메뉴 개발, 가게를 알리기 위한 마케팅, 예상치 못한 고객 불만 응대, 계절마다 고민해야 하는 신메뉴, 머리 아픈 세금 문제까지… 정말 하나부터 열까지 사장님 혼자 다 챙겨야 합니다. 어깨 위에 올려진 짐이 한두 개가 아니죠. 솔직히 말씀드리면, 정말 벅찬 일입니다.

그래서 많은 사장님들이 프랜차이즈로 눈을 돌리곤 합니다. 본사에서 이런 복잡하고 어려운 부분들을 어느 정도 지원해 주기 때문이죠. 물론, 세상에 공짜는 없습니다. 그 대가로 우리는 가맹비, 교육비, 물류비 같은 비용을 지불합니다.

개인점으로만 가게를 운영했던 저로서도, 가끔은 이런 생각을 했습니다. "정말 괜찮은 프랜차이즈 본사를 만나서, 다른 걱정 없이 오롯이 장사에만 집중할 수 있다면 그것도 나쁘지 않겠다"고요. 그래서 만약 제가 프랜차이즈를 선택한다면 어떤 기준으로 골라야 할까, 곰곰이 생각해보고 정리해 봤습니다. 맛이나 인테리어 같은 겉모습 말고요, 정말 사장님의 성공 가능성을 조금이라도 높여 줄 수 있는, 혹은 적어도 '폭탄'은 피하게 해 줄 수 있는 최소한의 기준 두 가지입니다.

1. 첫 번째 관문 - 사장님, 그 회사 '상표'부터 확인하세요!

사장님, 가게 이름, 즉 상표는 우리 사업의 얼굴이자 정체성입니다. 그런데 이 중요한 '이름표'를 제대로 관리하지 않는 프랜차이즈 본사가 생각보다 많습니다. 여기서 '제대로 관리한다'는 것의 핵심이 바로 **상표권 등록**입니다.

상표권이란, 쉽게 말해 특정 상표(브랜드 이름이나 로고)로 우리나라에서 합법적으로 사업을 할 수 있는 독점적인 권리를 말합니다. 이 상표권은 두 가지 단계를 거칩니다. 바로 '출원'과 '등록'입니다.

- **출원**: "제가 앞으로 이 이름으로 장사할게요!"라고 특허청에 신청서를 내는 단계입니다. 마치 대학교에 원서 접수한 것과 비슷하다고 생각하시면 됩니다.
- **등록**: 특허청에서 심사를 거쳐 "네, 이제부터 이 이름은 사장님(회사)만 독점적으로 사용할 수 있도록 허락해 드립니다!" 하고 땅땅땅, 도장을 찍어 주는 단계입니다. 대학교 합격증을 받은 것과 같죠.

여기서 중요한 점! **법적인 효력은 오직 '등록'된 상표에만 발생합니다.** 그런데 안타깝게도 많은 프랜차이즈 본사들이 단순히 '출원' 상태인 상표를 가지고 마치 '등록'된 것처럼, "우리 상표권 다 있어요!"라고 홍보하는 경우가 비일비재합니다. **이건 마치 '저 대학교 원서 냈어요'를 '저 대학교 합격했어요'라고 말하는 것과 비슷한 상황입니다.**

저는 개인적으로 상표권이 제대로 '등록'되어 있지 않은 프랜차이즈는, 본사가 자기 브랜드에 대한 애정이 부족하거나 일 처리가 체계적이지 못하다고 생각합니다. 더 큰 문제는 나중에 상표권 분쟁이라도 휘말리면, 하루아침에 간판을 바꿔야 하거나, 심지어 매출에 큰 타격을 입거나, 본사에 추가적인 비용을 물어야 하는 최악의 상황이 발생할 수도 있습니다. 옆집 철수네 과일가게가 유명해지니, 그 옆에 '진짜 원조 철수네'라고 간판 거는 격인데, 알고 보니 원조는 따로 있었던 셈이죠.

심지어 이미 등록된 다른 업체의 상표와 유사한 상표를 버젓이 사용하면서 가맹점을 모집하는 '용감한' 프랜차이즈 본사들도 많습니다. 이런 곳과 계약하면, 사장님은 언제 터질지 모르는 시한폭탄을 안고 장사하는 것과 같습니다.

그러니 프랜차이즈를 고민 중이시라면, 다른 건 몰라도 이것만큼은 사장님 손으로 직접 확인해 보셔야 합니다. **네이버에서 '키프리스(KIPRIS)'라고 검색**하시면 특허정보넷 사이트가 나옵니다. 여기서 관심 있는 프랜차이즈의 상표명을 검색해 보세요. 만약 검색 결과가 없거나, '출원' 상태에만 머물러 있다면… 그 계약서엔 정말 신중하게, 아니, 다시 한번 생각해 보시길 권합니다.

2. 두 번째 시험대 - 그 회사, '3년 풍파'는 견뎌냈나요? (본점 운영 기간의 중요성)

프랜차이즈를 선택할 때, 당연히 '그래서 얼마나 벌 수 있는데?' 즉, 예상 매출이 가장 궁금하실 겁니다. 물론 돈 잘 버는 게 중요하죠. 하지만 사장님, 그보다 어쩌면 더 중요한 것이 바로 **본사의 위기관리 능력**입니다. 반짝 뜨는 아이템은 많지만, 오래 살아남는 브랜드는 드뭅니다.

그래서 저는 **프랜차이즈 본점 또는 본사가 최소 3년 이상 안정적으로 운영되고 있는지**를 중요한 기준으로 봅니다. 왜 하필 3년이냐고요? 제가 처음 제 가게를 열었을 때, 사상 최악의 조류독감이 터졌습니다. 닭고기, 오리고기 파는 식당들은 그야말로 초토화되었죠. 그거 수습하고 다시 정상궤도에 오르기까지 꼬박 1년이 걸렸습니다. 전 세계를 휩쓴 코로나19 팬데믹도 생각해 보세요. 그 기나긴 터널을 빠져나오기까지 3년이 훌쩍 넘는 시간이 걸렸습니다.

본점이나 본사가 최소 3년 이상 잘 버티고 있다는 것은, 그동안 매년 크고 작게 터졌을 수많은 위기들을 슬기롭게, 혹은 악착같이 극복해 왔다는 증거가 됩니다. 이런 위기에는 외부적인 요인도 있고, 내부적인 문제도 있습니다.

- **외부적 위기**: 특정 메뉴나 아이템에 대한 언론의 집중포화 같은 것이죠. 기억나시나요? 한때 열풍이었던 대만 카스테라, 최근까지 인기였던 탕후루. 위생 문제나 건강 관련 이슈로 언론의 공격을 받으면서 해당 아이템의 인기는 순식간에 차갑게 식어 버렸습니다. 이런 유행성 아이템에 편승한 프랜차이즈들은 본사의 위기 대처 능력이 부족하면 함께 무너지기 십상입니다.
- **내부적 위기**: 세금 문제 같은 것이 대표적입니다. 최근 몇 년간 만 34세 미만 청년이 배달음식점을 창업으로 '청년창업세액감면' 제도를 통해 특정 조건 하에 소득세를 크게 감면받을 수 있었습니다. 특히 비수도권 지역에서는 창업 후 5년간 종합소득세를 100% 면제해주기도 하죠. 일부 배달 전문 프랜차이즈 본사들은 이 점을 교묘하게 이용했습니다. 본사 대표가 청년이거나, 청년 명의를 활용해 세금 감면 혜택을 받으며 공격적으로 마케팅을 펼치고 가맹점을 늘리는 겁니다. 본사는 종합소득세가 거의 발생하지 않으니 장부상으로는 높은 수익을 내는 것처럼 보일 수 있습니다. 하지만 이런 본사의 '세금 절감형 수익'만 보고 덜컥 계약한 30대 후반, 40대 가맹점주님들은 정작 본사가 제시한 수익률을 달성하기 어려운 경우가 많습니다. 세금 혜택은커녕, 일반 과세로 높은 세금을 내야 하니까요.

결국 본사가 최소 3년 이상 시장에서 살아남았다는 것은, 이런 예측 불가능한 풍파 속에서도 브랜드를 지켜내고 사업을 지속할 수 있는 기본적인 체력과 노하우를 갖추었다는 의미로 해석할 수 있습니다.

맛, 가격? 그보다 더 중요한 것

대부분의 예비 창업자분들이 프랜차이즈를 고를 때 맛, 메뉴 구성, 가격을 최우선 기준으로 삼는 경우가 많습니다. "일단 맛있어야 손님이 오지!", "이 정도 가격에 이 구성이면 경쟁력 있겠는데?" 하고요. 물론 틀린 말은 아닙니다.

하지만 사장님, 맛과 구성은 이미 프랜차이즈 본사에서 사장님들보다 훨씬 더 많은 시간과 돈을 들여 연구하고 개발한 부분입니다. 그리고 솔직히 말씀드리면, 맛과 구성은 지극히 개인적이고 주관적인 영역입니다. 사장님 입맛에는 꿀맛이어도, 옆집 김 사장님 입에는 맞지 않을 수 있습니다.

창업 전에는 이 프랜차이즈가 정말 좋은 곳인지, 아니면 빛 좋은 개살구인지 구분하기가 참 어렵습니다. **결과적으로 사장님께 꾸준히 돈을 벌게 해주면 좋은 프랜차이즈고, 그렇지 않으면 나쁜 프랜차이즈입니다.** 하지만 그 결과를 보기 전까지 우리는 어떻게 판단해야 할까요?

그래서 저는 만약 제가 프랜차이즈로 창업한다면, 맛이나 가격 같은 주관적인 요소보다는 **프랜차이즈 본사가 사업을 운영하기 위한 기본적인 준비가 되어 있는지**를 가장 중요하게 볼 것 같습니다. 그리고 그 최소한의 기준이 바로 위에서 말씀드린 두 가지입니다.

1) 제대로 '등록'된 상표권을 보유하고 있는가?
2) 본점 또는 본사가 최소 '3년' 이상 안정적으로 운영되어 왔는가?

자금 운영

제4장

사장님, 세금 때문에 밤잠 설치지 마세요: 청년이라면 꼭 알아야 할 '청년세액감면제도'

사장님, 요즘 평생직장이라는 말이 옛말이 된 지 오래죠. 그래서인지 제 주변에도 패기 넘치는 20대, 30대 젊은 사장님들이 참 많습니다. 안정적인 직장 대신 불확실하지만 가슴 뛰는 창업의 길을 선택한 그 용기에 먼저 박수를 보내고 싶습니다.

하지만 막상 창업 전선에 뛰어들면, 자금 문제만큼이나 골치 아픈 것이 바로 '세금'입니다. "벌기도 전에 세금 걱정이냐!" 하실 수도 있지만, 실제로 많은 사장님들이 생각보다 무거운 세금 부담에 허덕이곤 합니다. 이런 젊은 사장님들께 그야말로 '가뭄의 단비' 같은 존재가 있으니, 바로 '청년창업세액감면제도'입니다.

혹시 이 제도에 대해 잘 모르신다면, 오늘 제 이야기에 꼭 귀 기울여 주시고, 더 자세한 내용은 시간을 내서라도 인터넷을 통해 꼭 한번 공부해 보시길 권합니다. 나라에서 주는 합법적인 혜택, 아는 만큼 누릴 수 있으니까요. 오늘은 이 제도가 왜 좋은지, 그리고 어떻게 활용하면 우리 사장님들께 득이 될 수 있는지 속 시원하게 한번 이야기 나눠 보겠습니다.

1. 우리가 내야 할 세금, 알고 계신가요? (개인사업자의 세금 기본 알기)

개인사업자로 사업을 시작하면, 우리는 생각보다 다양한 종류의 세금과 마주하게 됩니다. 그중에서도 가장 대표적인 것이 바로 **부가가치세**와 **종합소득세**입니다.

- **부가가치세**: 1년에 두 번(일반과세자 기준, 보통 1월과 7월) 납부합니다. 이건 사장님께서 물건을 팔거나 서비스를 제공했을 때 발생하는 매출액의 10%를 기본으로 생각하시면 되는데, 매입할 때 지불했던 부가세 등을 빼고 계산합니다. 평소에 매출과 지출 증빙만 꼼꼼히 챙겨 두시면, 마치 가계부 정리하듯 크게 어렵지 않게 신고하고 납부할 수 있습니다.
- **종합소득세**: 이게 진짜입니다. 1년 동안 열심히 장사해서 번 돈(순수익)에 대해 매년 5월에 한 번씩 내는 세금인데요, 계산 방식이 꽤 복잡하고, 많이 벌수록 세율도 높아지는 누진세 구조입니다. 예를 들어, 사장님께서 1년 동안 모든 비용을 제하고 순수하게 1억 원을 버셨다고 가정해 볼까요? 그럼 종합소득세로 대략 2천만 원 정도를 납부해야 할 수도 있습니다. (물론 각종 공제에 따라 달라질 수 있습

니다.) 순이익이 커지면 세율은 최대 40%를 훌쩍 넘기기도 합니다. 1년 동안 정말 열심히 일했는데, 막상 세금으로 나가는 돈을 보면 처음엔 정말 억울하고 힘 빠지는 기분이 들 수도 있습니다.

이런 세금 부담, 특히 사업 초기에는 정말 큰 부담으로 다가옵니다. 하지만 사장님께서 '청년'이시라면, 이 부담을 확 줄여 줄 수 있는 마법 같은 제도가 있습니다.

2. 청년 사장님을 위한 '꿀팁'! 청년세액감면제도 파헤치기

청년창업세액감면제도는 말 그대로, 나라에서 젊은 사장님들, "기죽지 말고 힘내서 사업 잘해 보세요!" 하고 등 두드려 주며 밀어 주는 제도입니다. 어려운 환경 속에서도 용기를 내어 창업한 청년들이 사업 초기에 세금 걱정 조금이라도 덜고 안정적으로 사업을 키워 나갈 수 있도록 돕는 것이죠. 주요 혜택은 다음과 같습니다.

- **어마어마한 세금 감면율!**
  - **수도권(서울, 경기, 인천 등 과밀억제권역)에서 창업**: 종합소득세의 50%를 감면해 줍니다.
  - **비수도권(수도권 외 지역)에서 창업**: 종합소득세의 100%를 감면해 줍니다! 사장님, 수도권에서 50% 감면도 어마어마한 혜택이지

만, 만약 지방에서 창업하신다면 조건에 따라 5년간 소득세가 '0원'이 될 수도 있다니, 이거 정말 대단하지 않습니까? 물론 모든 업종이 다 해당되는 것은 아니니, 사장님의 업종이 감면 대상인지 확인하는 절차는 필수입니다.

- **넉넉한 감면 기간!** 이 혜택은 창업 후 **최대 5년간** 제공됩니다. 5년이면 강산도 변한다는데, 사장님 사업이 어느 정도 자리를 잡고 성장하기에 충분한 시간입니다.
- **까다롭지 않은 나이 요건!** 기본적으로 사업 개시일 현재 **만 15세 이상 만 34세 이하**인 청년이 대상입니다. 여기서 중요한 포인트! 사장님, 혹시 "나는 나이가 좀 있는데…" 하고 미리 포기하지 마세요. 만약 군 복무를 하셨다면, 그 기간(최대 6년까지 인정)만큼 나이 계산에서 빼 줍니다! 예를 들어, 군 복무를 2년 하셨다면 만 36세까지도 이 혜택을 받으실 수 있는 거죠.

3. 그런데 신청은 '셀프'입니다

자, 이렇게 좋은 제도, 그럼 어떻게 신청해야 할까요? 여기서 가장 중요한 점은, 이 혜택은 **자동으로 적용되지 않는다**는 것입니다. 이렇게 좋은 제도도 가만히 있으면 알아서 챙겨 주지 않습니다. 우리가 직접 "저 혜택 받을래요!" 하고 손을 번쩍 들어야 합니다.

신청 절차는 생각보다 간단합니다. 매년 5월, 종합소득세 신고를 할 때 '세액감면(면제) 신청서'를 작성해서 함께 제출하면 됩니다. 요즘은 홈택스(국세청 온라인 서비스)를 통해서도 간편하게 신청할 수 있습니다.

제5장
사장님, '빚'내서 창업하시게요?
대출, 정말 괜찮을까요?

창업이라는 여정, 생각보다 훨씬 더 많은 준비와 고민이 필요합니다. 특히 '총알', 즉 사업 자금을 마련하는 일은 초기 창업가들의 가장 큰 고민거리 중 하나일 텐데요. 이때 많은 분들이 '대출'이라는 카드를 만지작거리게 됩니다.

"일단 빌리고 보자!", "성공하면 금방 갚지 뭐!" 이런 생각, 위험할 수 있습니다. 대출, 잘 쓰면 약이 되지만 잘못 쓰면 독이 되는 양날의 검과 같습니다. 오늘 제 이야기가 사장님의 현명한 판단에 작은 도움이 되길 바랍니다. 물론, 더 정확하고 자세한 금융 정보는 늘 그렇듯 인터넷과 금융 전문가를 통해 꼭 다시 한번 확인하셔야 하고요.

1. 창업 '전' 대출? 사장님, 그건 '도박'일 수 있습니다

가끔 상담을 하다 보면, 아직 사업 아이템도, 시장 조사도 제대로 마무리되지 않은 상태에서 "일단 대출부터 받아야겠다"고 말씀하시는 분들을 만납니다. 사장님, 솔직히 말씀드리면 이건 눈 감고 절벽에서 뛰어내리는 것과 비슷할 수 있습니다.

창업 전에는 내 아이템이 시장에서 정말 통할지, 손님들이 지갑을 열어 줄지 아무도 확실히 알 수 없습니다. 아무리 철저하게 시장 조사를 하고, 밤새워 사업 계획을 세웠다 한들, 실제 시장의 반응은 싸늘하기 그지없을 수도 있거든요. 시장은 냉정해서, 사장님의 뜨거운 열정만으로는 쉽게 움직이지 않습니다.

이런 불확실한 상황에서 덜컥 대출부터 받아 자금을 마련하는 것은 정말 신중해야 합니다. 만약, 정말 만약에 사업이 예상대로 풀리지 않는다면 어떻게 될까요? 매출은 없는데 매달 꼬박꼬박 돌아오는 대출 원금과 이자 상환일은 사장님의 숨통을 조여올 겁니다. 실패의 쓴맛에 빚더미의 무게까지 더해지면, 정말 다시 일어서기조차 힘들어질 수 있습니다.

2. 직장과 사업, 그만두는 '무게'가 다릅니다

"에이, 안 되면 접지 뭐!" 직장 다닐 때는 이런 말이 가능했습니다. 오늘 당장 사표 던지고 나오면, 다음 날부터는 그냥 '전 직장 동료'가 되는 거죠. 물론 심적인 부담은 있겠지만, 법적인 책임이나 금전적인 의무에서 비교적 자유롭습니다.

하지만 사장님, 사업은 다릅니다. 사장님께서 사업자등록증에 도장을 찍는 순간, 그냥 '사장님'이 되는 것이 아니라 수많은 책임과 의무가 함께 따라옵니다. 가게 임대차 계약, 각종 설비나 집기 렌탈 계약, 직원 고용 계약 등등. 한번 시작하면 "에잇, 관둬!" 한다고 바로 깔끔하게 정리되는 게 아닙니다. 마치 톱니바퀴처럼 맞물려 돌아가기 때문에, 하나를 빼려면 다른 톱니바퀴까지 다 멈춰 세워야 하는 복잡한 상황이 생길 수 있습니다. 쉽게 그만둘 수 없다는 점, 창업을 결심하기 전에 반드시 깊이 고민하셔야 합니다.

3. 대출, '언제' 받아야 약이 될까요?

그렇다고 대출이 무조건 나쁘다는 이야기는 아닙니다. 사업을 확장하거나, 새로운 기회를 잡기 위해 투자를 늘릴 때 대출은 분명 좋은 '지렛대' 역할을 할 수 있습니다. 다만, 그 '타이밍'이 정말 중요합니다.

저는 개인적으로 **창업 후 직접 가게를 운영해 보면서, 우리 가게와 아이템에 대한 고객들의 반응이 긍정적이고, 사업이 어느 정도 안정적으로 자리를 잡았다고 판단될 때** 대출을 고려하는 것이 바람직하다고 생각합니다.

1) **고객 반응에서 '청신호'를 확인하세요!** 사업을 시작하고 나서야 비로소 내 아이템의 성공 가능성을 보다 명확하게 판단할 수 있습니다. 손님들이 꾸준히 찾아 주고, "사장님 가게, 정말 괜찮네요!" 하

는 칭찬과 함께 재방문이 이어지고, 매출이 조금씩이라도 꾸준히 성장하는 모습. 이런 긍정적인 신호들이 보일 때, 그때가 바로 대출을 통해 한 단계 더 도약할 수 있는 가능성을 엿볼 수 있는 시점입니다.

2) **'돈이 돈을 버는' 안정기에 접어들었을 때를 노리세요!** 매출이 들쑥날쑥하지 않고, 어느 정도 꾸준한 수익이 발생하며 가게가 안정적으로 돌아가기 시작할 때. 즉, 사장님이 없어도 가게가 어느 정도 운영될 수 있는 시스템이 갖춰지고, 통장에 돈이 조금씩 쌓이기 시작할 때. 그때 대출을 받는다면 상환 부담도 훨씬 줄어들고, 이미 검증된 사업 모델에 추가 투자를 함으로써 더 큰 성장을 기대해 볼 수 있습니다.

4. 그래도 빌려야 한다면, '똑똑하게' 빌리는 기술

"압니다, 사장님. 그런데 당장 급전이 필요한 걸 어떡합니까?" 네, 그럴 수 있습니다. 정말 어쩔 수 없이 대출을 받아야 하는 상황이라면, 이왕이면 조금이라도 더 현명하고 안전하게 빌리는 방법을 고민해야 합니다.

1) **시작은 '작게', 부담은 '가볍게' 가져가세요.** 처음부터 큰 금액을 대출받아 한 방에 모든 것을 해결하겠다는 생각, 정말 위험합니다.

특히 사업 초기에는 예상치 못한 변수가 너무 많기 때문에, 대출 규모는 최대한 보수적으로 잡는 것이 좋습니다. 작은 규모의 대출로 시작해서 자금을 운영해 보고, 작은 성공을 통해 자신감을 쌓으면서 점차 규모를 늘려 나가는 것이 상환 부담도 줄이고 심리적으로도 안정적인 방법입니다.

2) **대출만이 정답은 아닙니다: 다양한 '자금줄'을 찾아보세요.** 자금 조달 방법이 꼭 대출만 있는 것은 아닙니다. 정부에서 지원하는 각종 창업 지원금이나 정책 자금, 엔젤 투자자나 벤처캐피탈로부터의 투자 유치, 여러 사람으로부터 작은 정성을 모으는 크라우드 펀딩 등 다양한 방법이 있습니다. 이러한 방법들은 일반적인 금융기관 대출보다 조건이 좋거나 상환 부담이 적은 경우가 많으니, 사장님의 상황에 맞는 자금 조달 방법을 적극적으로 알아보시는 것이 좋습니다. "나라에서 주는 돈, 그냥 주는 거 아닙니다. 사장님의 아이디어와 열정을 보고 투자하는 겁니다!"

제6장
사장님, 혼자 끙끙 앓지 마세요:
위기의 순간, '신용보증재단'이 힘이 될 수 있습니다

 2017년 겨울, 그 지독했던 조류독감 파동을 기억하십니까, 사장님? 대한민국 전체가 AI 공포에 휩싸였고, 특히 저희 같은 닭, 오리 관련 음식점들은 그야말로 직격탄을 맞았습니다. 그때 저는 부천에서 닭도리탕 전문점으로 잘나가고 있었습니다. 하루아침에 손님 발길이 뚝 끊기고, 쌓여 가는 식자재를 보며 한숨만 푹푹 내쉬던 암담한 시절이었죠. "이러다 정말 망하는 거 아닌가…" 하는 절망감에 밤잠을 설치기 일쑤였습니다.
 바로 그때, 한 줄기 빛처럼 다가온 것이 정부에서 지원하는 '조류독감 피해 소상공인 특별 대출'이었고, 그 연결고리가 되어 준 곳이 바로 **신용보증재단**이었습니다. 신용보증재단은 담보력이 부족한 소상공인이나 중소기업이 금융기관에서 대출을 받을 수 있도록 신용보증을 서 주는, 말 그대로 정부가 우리 같은 작은 사장님들이 가장 어려울 때 든든한 버팀목이 되어 주는 고마운 제도 중 하나입니다. 혹시 아직 잘 모르시는 사장님이 계시다면, 이번 기회에 꼭 한번 챙겨 보시기를 간절히 바라겠습니다.

단, 이것 하나는 꼭 기억해 주세요. 신용보증재단의 문을 두드리려면, **사업자등록증을 내시고 최소 3개월은 지나야 상담이라도 받아 볼 수 있다는 점!** 너무 급한 마음에 사업 시작과 동시에 찾아가시면 아쉬운 발걸음을 돌리실 수도 있습니다.

1. 신용보증재단 대출, 어떤 과정을 거칠까요? (단계별 절차 완전 정복)

"그래서, 어떻게 하면 도움을 받을 수 있는 건데?" 궁금하실 겁니다. 제가 직접 겪었던 과정을 바탕으로 최대한 알기 쉽게 설명해 드리겠습니다.

- **1단계: 문을 두드리세요 (신용보증 상담)** 가장 먼저, 사장님 사업장이 있는 지역의 신용보증재단 영업점을 방문해서 상담을 받으셔야 합니다. 빈손으로 가시면 안 되고요, 최소한 **사업자등록증, 최근 매출을 증빙할 수 있는 서류(카드매출내역, 부가세신고서 등), 그리고 사장님 신분증** 정도는 챙겨 가시는 게 좋습니다. 상담 창구에 앉으면, 담당자분께서 사장님의 사업 상황을 꼼꼼히 물어보시고, 현재 이용 가능한 대출 상품이나 지원 프로그램은 어떤 것들이 있는지, 앞으로 어떤 절차를 거쳐야 하는지, 필요한 서류는 무엇인지 등을

자세하게 안내해 주실 겁니다. 사장님의 사업 상황을 솔직하게 이야기하고, 어떤 도움을 받을 수 있을지 전문가와 이야기 나누는 첫걸음입니다.

- **2단계: '나'를 증명하세요 (신용조사)** 상담을 마치고 신청 의사를 밝히면, 신용보증재단에서는 본격적으로 신청한 사장님과 사업장에 대한 신용조사를 시작합니다. 우리 가게의 재무 상태는 어떤지, 사장님의 경영 능력은 어느 정도인지, 앞으로 사업이 잘 될 가능성은 보이는지 등을 종합적으로 평가하는 과정이죠. 마치 우리 가게의 건강 상태와 성장 가능성을 보여 주는 중요한 건강검진 같다고 생각하시면 됩니다. 당연히 이 과정에서 사장님의 개인 신용 상태나 기존 채무 등도 함께 조회됩니다. 신용 상태가 양호해야 다음 단계로 넘어갈 수 있는 중요한 관문입니다.

- **3단계: 심판대에 오르다 (보증심사)** 신용조사 결과를 바탕으로, 신용보증재단 내부에서는 과연 이 사업장에 보증을 서줄 것인지 말 것인지를 결정하는 보증심사를 진행합니다. 사장님의 신용도, 필요한 보증 금액, 예상되는 보증 기간 등을 종합적으로 고려해서 "OK!" 또는 "다음에 다시 도전해 주세요." 사인이 나오는 거죠. 이 결과에 따라 보증서를 발급받을 수 있느냐 없느냐가 결정됩니다.

- **4단계: '믿음'을 문서로 받다 (보증서 발급)** 까다로운 보증심사를 무사히 통과하셨다면, 드디어 신용보증재단에서 '보증서'라는 것을 발급해 줍니다. 이 보증서는 "이 사장님이 혹시 은행 돈을 못 갚게 되

면, 우리가 대신 책임져 줄게요!" 하고 신용보증재단이 금융기관에 약속하는 일종의 '믿음의 증표'입니다. 은행에서 대출을 받기 위해 반드시 필요한 아주 중요한 서류죠.

- **5단계: 드디어 '총알' 장전! (대출 실행)** 이 보증서를 가지고 신용보증재단과 협약된 은행(상담 시 안내해 줍니다)에 찾아가면, 은행에서는 이 보증서를 믿고 사장님께 대출을 실행해 줍니다. 대출금리나 조건은 신용보증재단의 보증 조건과 사장님의 신용도에 따라 조금씩 달라질 수 있습니다. **이때 한 가지 알아 두실 점은, 대출금 전액이 통장에 들어오는 것이 아니라, 위에서 발급받은 보증서에 대한 수수료(보증료)가 미리 공제되고 나머지 금액이 입금된다는 것입니다.** 너무 당황하지 마세요!

2. 무엇을 준비해야 할까요? (필수 서류 체크리스트)

"서류 준비가 제일 머리 아파요." 맞습니다, 사장님. 저도 그 마음 잘 압니다. 하지만 어쩌겠습니까, 나라에서 하는 일인데 꼼꼼할 수밖에요. 일반적으로 신용보증재단 대출 신청 시 필요한 서류들은 다음과 같습니다.

- 사업자등록증명원 (최근 발급분)
- 최근 3개년 재무제표 (개인사업자는 부가가치세과세표준증명원 또

는 소득금액증명원 등으로 대체 가능)
- 국세 및 지방세 납세증명서 (체납이 없어야 합니다!)
- 주민등록등본
- 사업장 및 거주 주택의 부동산등기부등본 (소유하고 계신 경우)
- 사업장 및 거주 주택의 임대차계약서 사본 (임차하신 경우)

물론 이건 일반적인 경우이고요, 사장님의 상황(업종, 사업 기간, 신청 금액 등)에 따라 추가 서류가 필요하거나 일부 서류가 빠질 수도 있습니다. 그러니 **꼭 상담받으실 때 담당자분께 다시 한번 꼼꼼하게 확인하시는 것이 가장 정확하고 두 번 걸음 하지 않는 방법**입니다.

3. 알아 두면 피가 되고 살이 되는 '꿀팁' (아니, 현실 조언!)

신용보증재단의 대출은 공공기관에서 보증을 통해 이루어지는 만큼 몇 가지 특징이 있습니다. 이걸 미리 알고 가시면 조금이나마 도움이 되실 겁니다.

- **"선착순 마감될 수 있습니다!"** 이게 참 안타까운데요, 정부 지원 사업이다 보니 매년 배정되는 예산이 한정되어 있는 경우가 많습니다. 그래서 연초에 자금이 풀렸다가도, 하반기로 갈수록 예산이 소진되어 신청조차 못 하거나 조건이 더 까다로워질 수 있습니다. 그러니

필요하다면 너무 늦장 부리지 마시고, 미리미리 알아보시고 준비하시는 게 좋습니다.

- **"담당자를 잘 만나는 것도 복입니다."** 공식적으로는 모든 심사가 객관적인 기준에 따라 공정하게 이루어진다고 하지만, 결국 서류를 검토하고 사장님과 직접 대면하는 것은 사람, 즉 대출 담당 직원입니다. 제가 조류독감 때문에 부천 신용보증재단을 처음 방문했을 때의 일입니다. 제 서류를 검토하시던 담당자분과 이런저런 이야기를 나누다가, 제가 대학교에서 중국학을 전공했다는 사실을 알게 되셨습니다. 그런데 마침 그 담당자분도 중국학과 출신이셨던 겁니다! 얼마나 반갑던지요. 그때 그분이 웃으시면서 농담 반 진담 반으로 이런 말씀을 하셨습니다. **"아이고, 사장님 사업 아이템이 중국어랑 관련 있었으면, 제가 대출 한도를 어떻게든 더 팍팍 밀어드렸을 텐데… 정말 아쉽네요!"** 하고요.
- 사장님, 이게 뭘 의미하겠습니까? 물론 모든 심사는 정해진 규정과 절차에 따라 공정하게 진행되겠지만, 사람 일이라는 게 그렇잖아요? 사장님의 사업에 대한 열정과 준비성을 얼마나 진솔하게 전달하는지도 중요하고, 때로는 담당자와의 원활한 소통이나 '케미' 같은 것이 알게 모르게 긍정적인 영향을 줄 수도 있다는 점입니다. 서류만 툭 던져 놓고 오는 것보다는, 예의 바르게 사장님의 상황을 잘 설명하고, 담당자의 질문에 성실하게 답변하는 자세가 분명 도움이 될 거라고 생각합니다.

세금

제7장
사장님, 부가세 폭탄 피하고 싶으시죠?
외식업 사장님을 위한 '맞춤형 부가세' 완전정복

사장님, 우리가 장사하면서 손님들께 받는 돈 중에는 사실 우리 돈이 아닌 게 섞여 있습니다. 바로 **부가가치세**, 줄여서 부가세라고 부르는 세금이죠. 아시다시피 이건 나라에서 정한 부가세율 10%만큼을 고객님들로부터 미리 받아서, 우리가 잠시 보관했다가 나라에 대신 내주는 돈입니다. "내 돈 아닌데 왜 이렇게 신경 쓰여?" 하시겠지만, 이걸 제대로 모르면 나중에 정말 큰 코 다칠 수 있습니다. 마치 남의 돈 잠시 맡아놨다가, 액수도 모르고 펑펑 써 버리는 것과 비슷하달까요?

부가세, 언제 내는 건가요? (신고 기간)

우리 개인사업자 사장님들은 **매년 1월과 7월**에 부가가치세 확정 신고 및 납부를 하셔야 합니다. 달력에 빨간 동그라미 크게 쳐 두셔야겠죠?
 개인사업자 중 일반과세자 사장님들은 매년 4월과 10월에 부가가치세 중간예납(예정고지)을 하셔야 합니다. 이는 세금 부담을 분산시키고, 국가 재정의 원활한 운영을 돕기 위한 제도입니다.

잠깐! 간이과세자 사장님은 주목!

혹시 간이과세자이신 사장님 계신가요? 간이과세자는 정부에서 사업 초기에 사장님들께서 안정적으로 성장할 수 있도록 배려해 주는 고마운 제도입니다. 일반과세자에 비해 세금 부담이 훨씬 적죠. 간이과세자 사장님들은 매출이 얼마가 나오든 신고만 잘해 주시면 됩니다. 세금도 정말 얼마 안 나오고요.

하지만 여기서 한 가지! 간이과세자일 때부터 매출이 꽤 높게 나오시는 사장님들은 미리미리 일반과세자로 전환될 때를 대비해서 부가세 준비를 해 두시는 걸 추천합니다. 나중에 한꺼번에 세금 폭탄 맞으면 정말 정신없거든요. 아, 그리고 혹시 장사가 안돼서 **적자가 났더라도 무조건 신고는 하셔야 합니다!** 그 기록이 나중에 내야 할 다른 세금에서 공제받을 수 있는 소중한 근거 자료가 되니까요. "사장님, 적자도 자산입니다!" (물론 마음은 아프지만요.)

외식업 부가세, 왜 이렇게 머리가 아플까요? (특별한 혜택 뒤에 숨은 복잡함)

자, 이제 본격적으로 우리 외식업 사장님들(일반과세자 기준)의 골칫거리, 부가세 이야기를 해 보겠습니다. 사실 다른 업종 사장님들은 부가세 계산이 비교적 간단합니다. 기본 공식은 이렇거든요.

(내가 판 금액 × 10%) - (내가 산 금액 × 10%) = 내가 내야 할 부가세

너무 쉽죠? 그런데 우리 외식업 사장님들의 부가세 계산 공식은 조금 더 복잡합니다. 마치 수학 문제 풀 때 갑자기 숨겨진 조건이 나타나는 느낌이랄까요?

(매출 × 10%) - (특정 지출① × 약 8.25%) - (일반 지출② × 10%) - (매출 × 1.3%) = 내가 내야 할 부가세

"아니, 왜 우리만 이렇게 복잡한 거야!" 하실 수 있습니다. 그런데 사장님, 아이러니하게도 이건 정부에서 외식업 사장님들 힘들다고 특별히 **세금 혜택을 주기 때문**입니다. 혜택을 주려다 보니 공식이 더 복잡해진 거죠. 그래도 어쩌겠습니까, 이 복잡한 공식 속에 숨겨진 혜택들을 쪽쪽 빨아먹으려면 우리가 더 똑똑해져야죠!

외식업 부가세 계산 공식, 하나씩 샅샅이 뜯어 보기

자, 이제 저 복잡한 공식을 하나하나 해부해 보겠습니다. 정신 바짝 차리고 따라오세요!

(1) (매출 × 10%) - 기본 중의 기본, 매출 신고!

이건 사장님 가게에서 발생한 모든 매출에 대한 부가세 예수금입니다. 여기에는 신용카드 매출, 배달앱을 통한 매출, 스마트스토어 같은 온라인 판매 매출, 그리고 알게 모르게 발생하는 현금 매출 등이 모두 포함되어야 합니다.

● **사장님께 드리는 팁 (현금 매출 관련)**: 순수한 현금 매출 같은 경우, 많은 세무사님들이 전체 매출의 5% 정도는 신고해야 한다고 말씀하십니다. 하지만 제 개인적인 생각으로는, 코로나 이후 온라인 결제나 카드 결제가 워낙 일반화되어서 온라인 판매 위주의 매장이라면 2~3% 정도로 신고해도 큰 문제는 없지 않을까 싶습니다. (물론 이건 제 개인적인 의견이니, 최종 판단은 사장님과 세무사님의 몫입니다!)

(2) (특정 지출① × 9/109 또는 8/108) - 고마운 '의제매입세액공제'

이게 바로 외식업 사장님들을 위한 정부의 특별한 세금 혜택 중 하나인 **의제매입세액공제**입니다. "의제? 그게 뭔데?" 하실 텐데요, 쉽게 말해 "원래는 공제 대상이 아니지만, 특별히 공제해주는 걸로 칠게!"라는 뜻입니다.

우리 사장님들이 식당 운영을 위해 구입하는 농산물, 축산물, 수산물, 임산물(쌀, 채소, 과일, 고기, 생선 등)은 대부분 **면세품목**입니다. 즉, 부가세 없이 사 오는 물건들이죠. 원칙적으로는 부가세를 내지 않고 사 온 물건이기 때문에, 나중에 부가세 신고할 때 매입세액으로 공제받을 수 없습니다.

하지만 정부에서는 국산 농축수산물의 소비를 장려하고, 또 식자재 원가 부담이 큰 외식업 사장님들을 돕기 위해 이 면세 농축수산물 구입액의 일정 비율만큼을 "부가세 내고 사 온 것처럼 쳐서" 공제해 주는 겁니다. 이게 바로 의제매입세액공제입니다!

- 공제율:
  - 연 매출 2억 원 이하 사장님: **9/109 (약 8.25%)**
  - 연 매출 2억 원 초과 사장님: **8/108 (약 7.4%)** (예전에는 매출 규모 상관없이 8/108이었는데, 영세 자영업자 지원 차원에서 조금 더 유리하게 바뀌었습니다.)
- **증빙자료**: 면세품목을 구입했다는 것을 증명해야겠죠? 농민에게 직접 구매한 경우 사업자로부터 받은 **계산서(세금계산서 아님!)**, 신용카드로 구매한 **카드 전표**, 현금으로 구매하고 받은 **현금영수증** 등이 해당됩니다.
- 공제 한도: 매출액에 따라 공제받을 수 있는 한도가 정해져 있긴 한데, 대부분의 사장님들은 이 한도에 걸릴 일이 거의 없으실 테니 크게 신경 안 쓰셔도 됩니다. (그래도 궁금하시면 네이버에 '의제매입세액공제 한도'라고 검색해 보세요!)

(3) (일반 지출② × 10%) - 놓치기 쉬운 일반 경비들

이건 사장님께서 사업을 위해 지출한 일반적인 경비 중에서 부가세가 포함된 항목들입니다. 예를 들면,

- 공산품 (가공식품, 음료수, 주류, 각종 소모품 등)
- 광고비 (배달앱 광고, 전단지 제작 등)
- 서비스 이용료 (배달대행 수수료, 매장 청소 용역 등)
- 월세 (임대인이 일반과세자일 경우 세금계산서 발행)
- 통신비, 전기세 등

이런 지출들은 대부분 **(전자)세금계산서**나 신용카드 매입전표, 현금영수증 등을 통해 증빙할 수 있습니다.

- **예시로 보는 공제율 차이 (파인애플의 운명)**: 만약 사장님께서 카페에서 파인애플을 이용한 메뉴를 판매한다고 가정해 봅시다.
  - **캔에 든 파인애플(통조림)을 구매했다면?** 이건 가공된 '공산품'입니다. 따라서 지출액의 10% 전부를 부가세 매입세액으로 공제받을 수 있습니다.
  - **시장에서 생과일 파인애플을 직접 사 왔다면?** 이건 '면세 농산물'입니다. 따라서 위에서 설명한 의제매입세액공제율(연 매출 2억 이하면 약 8.25%, 2억 초과면 약 7.4%)만큼만 공제받을 수 있습니다.

- "어? 그럼 무조건 캔 파인애플 쓰는 게 이득이네?" 부가세만 놓고 보면 그럴 수 있습니다. 하지만 고객님들께 더 신선하고 좋은 품질의 제품을 제공하고 싶다면 당연히 시장에서 직접 사 온 생과일 파인애플을 써야겠죠. 부가세냐, 품질이냐, 그것은 사장님의 철학과 선택입니다!

(4) (매출 × 1.3%) - 쏠쏠한 '신용카드매출세액공제'

이것도 정부에서 외식업을 포함한 특정 업종 사장님들께 대놓고 지원해 주는 아주 고마운 세금 혜택입니다. 바로 **신용카드매출세액공제**인데요. 사장님 가게에서 발생한 신용카드(체크카드, 현금영수증 발행분 포함) 매출액의 1.3%만큼을 내야 할 부가세에서 직접 빼 줍니다!

- **연간 공제 한도**: 기존에는 1년에 500만 원까지였는데, 정부 지원 정책으로 **2026년 12월 31일까지는 연간 1,000만 원까지** 공제받을 수 있습니다. 이거 정말 쏠쏠하죠?
- **주의! 한도는 1년 기준**: 예를 들어, 2024년 7월 부가세 신고 때 신용카드매출세액공제를 700만 원 받으셨다면, 다음 해인 2025년 1월 부가세 신고 때는 남은 한도인 300만 원까지만 공제받을 수 있다는 점, 꼭 기억하세요! (1년은 1월 1일부터 12월 31일까지입니다.)

그래서, 얼마를 내야 할까요? (실전 예제와 '지출 비율'의 비밀)

자, 그럼 위에서 배운 공식을 실제 숫자에 한번 대입해 볼까요? (계산 편의상 연 매출 2억 원 이하, 의제매입세액공제율 9/109 적용 가정)

- 6개월간 총매출: 1억 원 (100,000,000원)
- 면세 식자재(농축수산물) 매입액: 3천 5백만 원 (35,000,000원)
- 기타 일반 경비(공산품, 광고비, 월세 등 부가세 포함 지출): 3천만 원 (30,000,000원)

  1) **매출에 대한 부가세 예수금 (매출 × 10%):**

     100,000,000원 × 10% = 10,000,000원

  2) **의제매입세액공제 (면세 식자재 매입액 × 9/109):**

     35,000,000원 × (9/109) ≒ 2,889,908원

  3) **일반 경비에 대한 부가세 매입세액 (기타 지출 × 10%):**

     30,000,000원 × 10% = 3,000,000원

  4) **신용카드매출세액공제 (매출 × 1.3%):**

     100,000,000원 × 1.3% = 1,300,000원 (연간 한도 1,000만 원 이내)

최종 납부할 부가세 = ① - ② - ③ - ④ = 10,000,000원 - 2,889,908원 - 3,000,000원 - 1,300,000원 = 2,810,092원

이 예시에서 매출 대비 총 지출(식자재 + 일반 경비) 비율은 65% (6천 5백만 원 / 1억 원)입니다.

사장님, 혹시 세무사님과 상담할 때 "지출 비율을 어느 정도로 맞춰야 안전한가요?" 같은 질문 해 보신 적 있으신가요? 많은 세무사님들이 보통 **매출 대비 지출 비율이 70%대가 가장 무난하고, 그 이상으로 너무 높게 잡으면 세무조사의 위험**이 있을 수 있다고 말씀하십니다. 왜냐하면 일부 업체들이 마구잡이로 허위 경비를 만들어서 세금을 탈루하려고 하기 때문이죠. 실제로 사업 초기가 아닌데도 지출 비율을 막 80%, 90% 이렇게 잡아 버리면, 국세청에서 "사장님, 장난치시면 안 돼요~ 다음에 또 이러시면 진짜 혼쭐 내줄 거예요! ^^" 하는 내용이 담긴 '사랑의 안내장'이 날아올 수도 있습니다. 그러니 적정선에서 지출을 관리하고 증빙을 챙기는 '지혜로운 줄타기'가 필요합니다.

부가세와 종합소득세, 같으면서도 다른 두 세금

"이번에 부가세가 한 280만 원 나왔는데, 그럼 종합소득세는 얼마나 나올까요?" 이런 질문, 가끔 받습니다. 제 대답은 항상 똑같습니다. **"사장님, 그건 아무도 알 수 없습니다."**

왜냐고요? 부가세는 기본적으로 **'가게(매장)'와 관련된 세금**입니다. 가게에서 물건 팔고, 가게 운영에 필요한 물건 사고… 이런 거래들에 대해 계산되는 거죠. 그래서 매출과 지출 자료만 잘 정리하면 비교적 계산이 명확합니다.

하지만 종합소득세는 **'사장님 개인'과 관련된 세금**입니다. 단순히 가게 매출과 지출만으로는 계산이 절대 불가능합니다. 예를 들어, 사장님께서 부양가족으로 자녀가 다섯 명 있으신지, 아니면 미혼이신지, 혹시 월세 말고 이자 나가는 건물 대출금이 있으신지, 주식이나 비트코인으로 대박이 나셨는지(다른 소득), 아니면 100만 유튜버인데 취미 삼아 음식점을 운영하고 계시는 건지 등등… 이 모든 개인적인 상황들이 종합소득세 계산에 영향을 미칩니다.

더구나 종합소득세는 사장님의 자산, 부채, 자본 같은 요소들이 복합적으로 작용하기 때문에, 저는 개인적으로 종합소득세 신고는 가급적 세무 전문가에게 의뢰하시는 것이 좋다고 생각합니다. 부가세와는 다르게, 종합소득세는 세무사님의 역량에 따라 합법적으로 절세할 수 있는 부분이 정말 많거든요.

부가세 폭탄 주의보! '인터넷 구매 불공제' 확인은 필수!

사장님, 세금 신고 전에 꼭 알아 두셔야 할 단어가 있습니다. 바로 '공제'와 '불공제'입니다.

● **공제**: "이건 사업과 관련된 지출로 인정해 줄게! 그래서 세금 계산할 때 빼 줄게."

● **불공제**: "미안하지만 이건 사업과 직접 관련 없는 지출 같네. 그래서 세금 계산할 때 못 빼 줘."

이 '공제'와 '불공제' 구분은 부가세에서 정말 정말 중요합니다. 왜냐하면 매출은 이미 발생했는데, 지출로 인정받지 못하는 '불공제' 항목이 많아지면 내야 할 부가세가 엄청나게 불어나기 때문입니다.

자, 그럼 국세청 홈택스 시스템이 사장님 매장의 매출과 지출을 어떻게 파악하는지 간단히 알아볼까요?

● **매출 확인**: 고객님이 사장님 가게에서 카드로 결제한다 → 카드사에서 해당 결제 정보를 홈택스로 보낸다. (끝! 간단하죠?)
● **지출 확인**: 사장님이 사업용 카드로 물건이나 재료를 구매한다 → 카드사에서 해당 결제 정보를 홈택스로 보낸다 → **홈택스 시스템이 이 결제 정보를 보고 '이건 공제해 줄 만한 지출이군!', '어? 이건 좀 애매한데? 일단 불공제로 분류해 놔야겠다!' 하고 1차적으로 자동 분류를 합니다.**

사장님들이 이용하시는 세무사 사무실에서는 보통 이렇게 홈택스에 모인 정보를 바탕으로 부가세 신고를 대리해 줍니다. 그런데 여기서 **2024년부터 아주 중요한 이슈**가 생겼습니다! 바로 '지출 확인'의 마지막 단계, 홈택스의 자동 분류 기능에 관한 내용입니다.

우리 음식점 사장님들, 네이버 쇼핑이나 쿠팡 같은 온라인 플랫폼에서 식자재나 소모품 많이 구매하시죠? 예전에는 홈택스에서 이런 온라인 구매 내역도 대부분 알아서 '공제' 항목으로 잘 처리해주었습니다. **하지만 2024년부터는 이런 온라인 구매 내역들이 상당수 '불공제' 항목으로 자동 분류되어 있을 가능성이 매우 높습니다!**

이게 무슨 뜻이냐고요? 사장님께서 분명 사업에 필요한 물건을 사셨음에도 불구하고, 홈택스에서는 "이거 혹시 개인적으로 쓰려고 산 거 아니야?" 하고 일단 의심의 눈초리를 보내며 '불공제' 딱지를 붙여놓는다는 겁니다. 그럼 어떻게 해야 할까요? **사장님께서 직접 홈택스에 로그인하셔서, '불공제'로 잘못 분류된 항목들을 하나하나 찾아내 "이거 사업용으로 쓴 거 맞아요!" 하고 '공제'로 변경 신청을 해 주셔야 합니다.** 그래야만 부가세 지출로 제대로 인정받을 수 있습니다.

솔직히 말씀드리면, 이 작업, 굉장한 시간과 노력이 들어갑니다. 그래서 바쁜 세무사 사무실에서는 이걸 일일이 다 챙겨 주기 어려울 수 있습니다. 자칫하면 그냥 '불공제'로 분류된 채로 신고가 들어갈 수도 있다는 거죠. 그러니 사장님, **꼭 부가세 납부하시기 전에, 혹은 세무사 사무실에 자료를 넘기시기 전에 이 부분을 직접 한번 확인해 보시길 간곡히 부탁드립니다.** 내 돈은 내가 지켜야죠, 사장님!

배달 직원 vs. 배달 대행, 세금 관점에서 뭐가 다를까요?

배달 음식점을 운영하시는 사장님들이 간혹 헷갈려 하시는 부분이라 짧게 짚고 넘어가겠습니다. 제가 위에서 종합소득세는 '사람', 부가세는 '매장(사업)'과 관련된 세금이라고 말씀드렸죠?

- **배달 직원을 직접 고용하는 경우**: 직원은 '사람'입니다. 따라서 직원에게 지급하는 월급, 즉 인건비는 부가세 신고 시 매입세액으로 공제받을 수 없습니다. 대신, 직원에 대한 4대 보험료나 원천세 신고 기록 등을 바탕으로 나중에 **종합소득세 신고할 때 비용으로 인정**받을 수 있습니다.
- **배달 대행업체를 이용하는 경우**: 이건 사람을 직접 고용하는 것이 아니라, 배달 대행업체에서 제공하는 '배달 서비스'라는 용역을 이용하는 것입니다. 부가세법에서 말하는 '용역(서비스)'의 공급에 해당하죠. 따라서 배달 대행업체에 지불하는 수수료(보통 세금계산서를 발행해 줍니다)는 **부가세 신고 시 매입세액으로 공제**받을 수 있습니다.

정리하자면,

- **배달 직원 인건비**: '사람' 관련 비용 → 종합소득세에서 경비 처리
- **배달 대행 수수료**: '서비스' 관련 비용 → 부가세에서 매입세액 공제

세금, 왜 이렇게 늦게 따라오는 걸까요? (세금의 시간차 이해하기)

사장님, 세금은 항상 과거의 기록을 바탕으로 현재 시점에 납부하게 됩니다. 그러다 보니 어쩔 수 없이 시간 차이라는 것이 발생하는데요, 이 흐름을 이해하시면 나중에 "아니, 갑자기 세금이 왜 이렇게 많이 나왔어!" 하고 당황하시는 일을 조금이나마 줄일 수 있습니다.

- **2024년 1월 ~ 6월**까지 열심히 장사한 기록을 가지고 → **2024년 7월**에 첫 번째 부가세를 냅니다.
- **2024년 7월 ~ 12월**까지 또 열심히 장사한 기록을 가지고 → 다음 해인 **2025년 1월**에 두 번째 부가세를 냅니다.
- 이렇게 2024년 7월과 2025년 1월, 두 번에 걸쳐 낸 부가세 신고 기록(즉, 2024년 1년 치 사업 성적표)을 바탕으로 → **2025년 5월**에 2024년 귀속 종합소득세 과세표준이 결정되고 납부하게 됩니다.
- 그리고 이 **2025년 5월**에 최종 결정된 종합소득 금액을 기준으로 → **2026년도**의 건강보험료와 국민연금 보험료가 조정됩니다.

보이시나요? **2024년 상반기 장사 결과가 2026년 건강보험료에 간접적으로나마 영향**을 주게 되는 이 아득한 시간차! 그래서 갑자기 다음 해 건강보험료나 국민연금 고지서를 받고 "아니, 작년에 비해 왜 이렇게 많이 오른 거야!" 하고 화들짝 놀라시는 사장님들이 많으신데,

그건 사실 "사장님, 재작년에 돈 많이 버셨네요! 축하드립니다! (그래서 올해 보험료도 좀 올랐어요 ^^;)" 하는 늦깎이 축하 인사(?) 같은 거랍니다.

부가세, 사장님이 직접 알아야 '진짜 절세'가 보입니다

사장님, 만약 사장님께서 수백억 자산가가 아니시라면, 절세의 시작과 기본은 바로 이 '부가가치세'에서 출발한다고 생각합니다. 사실 부가세는 마음먹고 책 한두 권, 그리고 요즘 유튜브에 좋은 정보도 많으니 서너 시간만 투자해서 공부하시면 사장님께서 충분히 직접 신고하실 수 있을 정도입니다.

물론 매장이 너무 바빠서, 혹은 이런 숫자 계산이 너무 귀찮아서 세무사님께 당연히 맡기실 수 있습니다. 그건 사장님의 선택이니까요. 하지만 제가 간절히 드리고 싶은 말씀은, **설령 세무사님께 모든 걸 맡기시더라도, 내가 내야 할 부가세가 정말 합리적인 수준인지, 제대로 계산된 것인지는 최소한 사장님 스스로 판단하고 검증할 수 있는 정도의 지식은 갖추셔야 한다**는 것입니다.

세무사 사무실에서 "이번 부가세는 이만큼 나왔습니다" 하고 보내준 금액을 그냥 "네~" 하고 무작정 납부하시는 것보다는, "아, 이번에는 의제매입세액공제가 이 정도 반영되었고, 신용카드매출세액공제는 한도 내에서 이만큼 적용되었구나. 그런데 혹시 온라인 구매 건 중에 불공제로 잡힌 건 없나?" 하고 한번 더 생각하고, 궁금한 점은 세무사님께 당당히 물어볼 수 있는 사장님이 되셔야 합니다.

제8장
사장님, 5월 종합소득세, '남 일'처럼 맡겨만 두실 건가요?
(추계신고의 함정과 세무앱 바로 알기)

사장님, 가정의 달 5월이 우리 자영업자들에게는 '세금의 달'로 더 익숙하죠. 바로 **종합소득세 신고·납부** 때문입니다

이 글을 읽기 전에 (사장님과의 약속)

시작하기 전에 몇 가지 솔직한 말씀을 먼저 드려야 할 것 같습니다.

1) 이 글은 사장님들께서 종합소득세의 전체적인 그림을 이해하시는 데 도움을 드리고자 작성했습니다. 그래서 세법상의 딱딱한 용어들은 최대한 사장님들이 이해하기 쉬운 일상적인 단어로 바꾸려고 노력했습니다. 아주 세세하고 전문적인 부분까지 다루기엔 제 능력도, 글의 목적도 부족하니, 더 깊이 있는 내용은 사장님들께서 직접 찾아보시거나 전문가와 상담하시기를 권합니다.
2) 이 글은 흔히 말하는 3.3% 떼는 프리랜서분들보다는, 저처럼 사업자

등록증을 내고 가게를 운영하시는 **사장님들을 위한 이야기**입니다.

3) 최근 많이들 이용하시는 '세무앱' 서비스에 대한 이야기가 나올 텐데요, 절대 특정 업체를 비방하려는 목적이 아닙니다. 관련 업계나 전문가들이 일반적으로 이야기하는 객관적인 시각을 전달하고, 사장님들께서 홈택스 셀프 신고, 세무사 위임, 세무앱 이용 사이에서 더 현명한 선택을 하시는 데 도움을 드리고자 함을 미리 밝힙니다.

4) 종합소득세에는 이자, 배당, 사업, 근로, 연금, 기타소득 등 다양한 소득이 합산되지만, 이 글에서는 우리 사장님들의 주 관심사인 '**사업소득**' 부분을 중심으로 이야기하겠습니다.

5) 종합소득세 셀프 신고 방법까지 다루면 이 글이 책 한 권이 될지도 모릅니다. (웃음) 그래서 그 부분은 과감히 생략하겠습니다. 요즘엔 인터넷이나 유튜브에 워낙 쉽고 자세하게 설명된 자료들이 많으니 참고하시면 좋겠습니다.

자, 그럼 이제 진짜로 출발해 볼까요?

1. 세금, 도대체 어떻게 돌아가는 걸까요? (세금의 흐름과 국세청의 '첫해 당근')

가장 기본적인 세금의 흐름부터 짚고 넘어가겠습니다. 사장님께서 사업자등록증을 내는 순간부터, 우리는 매년 꼬박꼬박 세금을 신고하고 납부해야 하는 의무를 갖게 됩니다. 개인사업자 기준으로 크게 두 가지 세금이 있죠.

- **부가가치세**: 매년 1월과 7월, 1년에 두 번 신고하고 납부합니다.
- **종합소득세**: 매년 5월, 1년에 한 번 신고하고 납부합니다.

표로 간단히 정리하면 이렇습니다. (2023년 귀속 소득을 2024년에 신고하는 경우 예시)

세금 종류	신고/납부 대상 기간	신고/납부 시기
부가가치세	2023년 1월~6월	2023년 7월
부가가치세	2023년 7월~12월	2024년 1월
종합소득세	2023년 1월~12월 (1년 치)	2024년 5월

이 흐름을 이해하셨다면, 이제 국세청에서 사업을 막 시작한 신규 사업자 사장님들께 슬쩍 내미는 '첫해 당근'에 대해 알려 드리겠습니다. 바로 **추계신고 - 단순경비율**이라는 제도입니다. 오늘 이야기에서 이 '추계신고 - 단순경비율'이라는 단어가 아주 많이 등장할 예정이니, 눈여겨 봐 주세요. 많은 사장님들이 이 제도를 제대로 이해하지 못해서, "아니, 작년(첫해)에는 세금이 코딱지만큼 나왔는데, 왜 올해는 세금 폭탄을 맞은 거야!" 하고 놀라시는 경우가 정말 많거든요.

2. 종합소득세 신고, 두 가지 길이 있습니다 (추계신고 vs. 일반신고)

결론부터 시원하게 말씀드리겠습니다. 원칙적으로 우리 사장님들께서는 종합소득세를 신고할 때, 매출 규모에 따라 간편장부든 복식장부든 장부를 작성해서 신고하는 '일반신고'를 하셔야 합니다.

하지만, "사장님, 사업 첫해라 정신없으시죠? 매출도 얼마 안 되는데 장부 작성까지 하려면 머리 아프시잖아요. 이번엔 그냥 이걸로 간단하게 신고하세요." 하고 국세청에서 편의를 봐주는 신고 방법이 있는데, 이게 바로 '추계신고'입니다. '추계(推計)'라는 말 그대로, '미루어 짐작하여 계산한다'는 뜻입니다. 실제 장부를 들여다보는 대신, "이 업종은 보통 매출액의 몇 퍼센트 정도를 경비로 쓰더라." 하는 비율(경비율)을 적용해서 대충 계산하는 방식이죠.

예를 들어, 2023년 7월에 음식점을 새로 오픈했고, 2023년 12월까지 발생한 매출이 1억 원인 가게가 있다고 가정해 봅시다. 국세청에서는 음식점업의 경우, **해당 연도(2023년) 매출이 1억 5천만 원 미만이고, 직전 연도(2022년) 매출이 3,600만 원 미만**일 경우(신규 사업자는 직전 연도 매출이 없으니 이 조건은 당연히 충족되겠죠?) 추계신고 시 '단순경비율'을 적용할 수 있도록 해줍니다. (이 기준은 업종마다 다르니, 사장님 업종의 기준은 꼭 검색해서 확인해 보셔야 합니다!)

자, 그럼 위 예시의 사장님은 어떨까요? 2023년 매출 1억 원은 1억 5천만 원 미만이고, 2022년에는 매출이 없었으니, 2024년 5월 종합소득세 신고 때 '추계신고 - 단순경비율'로 신고할 수 있는 **자격**을 갖게 됩니다. 여기서 중요한 점! 이 사장님은 추계신고를 '할 수도 있고', 첫해였지만 열심히 장부를 작성해서 '일반신고'를 '할 수도 있다'는 겁니다. 즉, **사장님께 선택지가 두 가지**가 주어진다는 뜻이죠. (물론 특정 조건을 충족하면 무조건 장부 작성을 해야 하는 경우도 있습니다.)

3. 그래서, 내 세금은 어떻게 계산되는데요? (종합소득세 사업소득 계산법 엿보기)

종합소득세(사업소득분)는 대략 이런 과정을 거쳐 계산됩니다. 최대한 쉽게 풀어 볼게요.

단계	계산 내용	설명
1	올해 총 번 돈 (매출액) - 올해 사업에 쓴 돈 (필요경비) = **사업소득금액**	실제 번 돈, 과세표준의 기초 금액입니다.
2	사업소득금액 - 각종 소득공제 (기본적인 사람 공제, 4대 보험료, 연금저축 등) = **과세표준**	세율을 곱하기 직전의 금액입니다.
3	과세표준 × 정해진 세율 (소득 구간별로 다름) = **산출세액**	일단 계산된 세금입니다.
4	산출세액 - 각종 세액감면/세액공제 (청년창업세액감면 등) + 가산세 = **최종적으로 내야 할 종합소득세**	최종적으로 납부해야 할 세금입니다. 잘못 신고한 경우 가산세가 붙을 수 있습니다.

자, 그럼 아까 그 매출 1억 원짜리 음식점 사장님이 '추계신고 - 단순경비율'로 신고한다면 어떻게 될까요? 국세청에서는 음식점업의 경우, 단순경비율을 적용하면 **매출액의 약 90%를 경비(지출)로 인정**해 줍니다. (정확히는 업종별로 조금씩 다르고, 2023년 귀속 음식점 단순경비율은 89.7% 정도지만, 계산 편의상 90%로 가정하겠습니다.) 즉, 실제 경비를 얼마 썼든 상관없이, "사장님은 1억 원 매출 올리셨으니, 9천만 원은 경비로 쓰셨겠네요!" 하고 그냥 퉁 쳐 주는 겁니다.

1) 이 가게의 사업소득금액은 1천만 원입니다. (매출 1억 원 - 경비 9천만 원)
2) 여기서 소득공제 중 가장 기본적인 사장님 본인 인적공제 150만 원만 빼 보겠습니다. (실제로는 다른 공제 항목이 더 있다면 과세표준은 더 줄어들 수 있습니다.) 그럼 과세표준은 850만 원이 됩니다.
3) 과세표준 850만 원이면, 종합소득세율 표에 따라 6%의 세율을 적용받습니다. (세율표는 검색하면 바로 나옵니다!) 그럼 산출세액은 850만 원 × 6% = 51만 원입니다.
4) 여기서 청년창업세액감면 같은 특별한 세액감면이나 세액공제가 있다면 세금은 더 줄어들겠죠. 만약 그런 게 없다면, 최종적으로 내야 할 종합소득세는 약 51만 원이 되는 겁니다.

4. '추정'이 좋을까요, '실제'가 좋을까요? (추계신고와 일반신고, 언제 무엇을 선택할까?)

자, 위에서 예시로 든 사장님은 추계신고 - 단순경비율로 신고하면 대략 51만 원의 세금을 내게 됩니다. "어? 생각보다 얼마 안 나오네?" 하실 수 있습니다. 다시 한번 말씀드리지만, 추계신고는 국세청에서 사장님께 '편의'를 제공하는 방법입니다. 사업 첫 해였더라도, 사장님께서 원하신다면 장부를 작성해서 '일반신고'를 하셔도 전혀 문제없습니다.

제가 왜 이 이야기를 자꾸 하냐면요, 특히 음식점 같은 경우 사업 첫해에 돈 들어갈 곳이 정말 많습니다. 인테리어 비용, 주방 설비 구입 비용, 초기 홍보를 위한 광고비 등등… 가게가 알려지기 전까지는 매출보다 지출이 훨씬 더 많을 수도 있습니다. 그야말로 '적자'인 거죠.

그런데 만약 이 사장님께서 실제로는 적자인데도 불구하고 '추계신고-단순경비율'로 신고하게 되면 어떻게 될까요? 국세청은 사장님이 실제로 돈을 얼마나 썼는지, 그래서 적자인지 흑자인지 들여다보지 않습니다. 그냥 "매출 1억이시니, 경비는 9천만 원 쓰신 걸로 처리해 드릴게요. 그래서 소득은 1천만 원이네요!" 하고 계산해 버립니다. 적자인데도 불구하고 1천만 원의 소득이 발생한 것으로 간주되어 세금을 내야 하는, 아주 억울한 상황이 생길 수 있는 거죠.

그러니 사장님, **만약 사업 첫해에 실제 지출이 매출의 90%(단순경**

비율)보다 훨씬 더 많았다면, 당연히 장부를 작성해서 '일반신고'를 하시는 것이 유리합니다. 일반신고를 통해 실제 지출이 더 많았다는 것을 증명하면, 그만큼 소득이 줄어들거나 심지어 '적자(결손금)'가 발생했다는 사실을 국세청에 정식으로 신고할 수 있습니다. 이렇게 발생한 결손금은 나중에 사업이 잘돼서 흑자가 났을 때, 그 흑자 금액에서 까고 세금을 계산할 수 있도록 해 주는 아주 유용한 제도(결손금 이월공제)도 있습니다. "사장님, 첫해 적자는 미래의 절세 씨앗입니다!"

5. '세무앱' 쓰면 세금 줄어드나요? (솔직히 까놓고 이야기해 봅시다)

요즘 광고도 많이 하고, 주변에서도 많이들 쓰시는 '세무앱' 서비스. "세무앱 쓰면 세금 환급받는다던데?", "세무앱이 세금 제일 적게 나오게 해 준다던데?" 하는 이야기들, 많이 들어 보셨을 겁니다.

결론부터 말씀드리자면, **세무앱을 이용한다고 해서 없던 세금이 줄어들거나, 내야 할 세금이 마법처럼 사라지는 것은 절대 아닙니다.** 왜냐고요? 세무앱은 기본적으로 사장님의 홈택스에 있는 데이터를 기반으로 움직이기 때문입니다. 즉, 홈택스에 기록되지 않은 내용은 세무앱도 알 길이 없습니다.

세무앱은 사장님의 홈택스 정보를 바탕으로 매출과 지출 내역을 가져와서, 그걸로 종합소득세를 계산해 줍니다. 그런데 여기서 문제가 발생할 수 있습니다. 홈택스에서 바라보는 사장님의 매출과 지출, 그리고 세무앱이 해석하는 매출과 지출이 서로 다를 수 있다는 점입니다.

예를 들어, 사장님께서 음식점을 운영하시면서 개인적으로 사용하려고 쿠팡에서 멋진 헤드폰을 하나 구입하셨다고 칩시다. 이건 사업과 관련 없는 지출이니, 원칙적으로는 사업 경비로 처리하면 안 됩니다. 그래서 홈택스에서는 이 지출을 사업용 경비로 잡지 않을 가능성이 높습니다. 하지만 세무앱에서는 이 쿠팡 구매 내역을 사업용 지출로 포함시켜서 계산할 수도 있습니다. (이 부분은 어디까지나 제 개인적인 추측입니다. 세무앱의 정확한 로직은 저도 알 수 없으니까요.) 이런 차이 때문에 홈택스에서 직접 계산한 예상 세액과 세무앱에서 보여 주는 예상 세액에 차이가 발생할 수 있는 거죠.

물론, 사장님께서 개인적으로 사용하려고 산 물건이라도, 나중에 홈택스에 들어가서 "이거 사실 사업용으로 쓴 거예요!" 하고 해당 지출의 용도를 사업용으로 변경하신다면, 세무앱과의 세액 차이는 줄어들 수 있습니다.

6. '편리함' 뒤에 숨은 책임, 세무앱 이용 시 생각해볼 문제

세무앱, 정말 편리합니다. 앱에 로그인하고 몇 번 클릭하면 예상 환급액이나 납부액이 쭉 뜨고, 그대로 신고하면 끝이니까요. 그런데 문제는 나중에, 아주 나중에 국세청에서 "사장님, 지난번 신고하신 거 좀 이상한데요? 소명 자료 좀 보내 주시겠어요?" 하고 우편물이 날아왔을 때 발생합니다.

가장 큰 쟁점은, **세무앱은 사장님의 세금 신고 과정에 대한 법적인 책임을 지지 않는다**는 점입니다. 왜냐하면 사장님께서 세무앱을 통해 홈택스에 '직접' 로그인하셨고, 세무앱이 보여 준 데이터를 바탕으로 '직접' 신고 버튼을 누르신 것이기 때문입니다. 즉, 최종적인 신고의 주체와 책임은 사장님 본인에게 있다는 거죠.

이 부분은 한국세무사회 같은 전문가 단체에서도 지속적으로 문제를 제기하고 있는 부분이기도 합니다. 세금 신고 대리 서비스에 대한 수수료는 받지만, 정작 그 신고 내용에 대한 책임은 지지 않는다는 것이니까요. (물론 세무앱 측에서는 '세무조사 시 수수료 전액 환불' 같은 정책을 내세우고 있긴 합니다만, 잘못 신고된 세금을 어떻게 바로잡고 가산세 문제 등은 어떻게 처리할 것인지에 대해서는 명확한 답을 찾기 어렵습니다.)

7. 국세청의 반격? '모두채움' 서비스는 뭔가요?

세무앱 같은 서비스들 때문에 국세청에서 '모두채움'이라는 서비스를 내놓은 건지는 정확히 알 수 없지만… 어쨌든 국세청도 이런 변화에 발 빠르게 대응하고 있다는 것은 확실해 보입니다.

'모두채움' 서비스는, 종합소득세 추계신고 - 단순경비율 적용 대상자들(주로 3.3% 떼는 프리랜서분들이나 사업 첫해인 신규 사업자 사장님들)에게 국세청이 홈택스에 있는 자료를 기반으로 미리 세금을 계산해서 "사장님, 이 정도 내시면 될 것 같은데, 확인해 보시고 문제없으면 그냥 바로 납부하세요!" 하고 알려 주는 서비스입니다.

사장님께서 보시기에 크게 문제가 없다면, 정말 클릭 몇 번으로 세금 신고를 끝낼 수 있는 아주 편리한 서비스라고 생각합니다. 하지만 다시 한번 강조 드리지만, **만약 실제 지출이 매출보다 많아서 적자가 난 경우라면, 이 '모두채움' 서비스를 이용하는 것보다 장부를 작성해서 '일반신고'를 하시는 것이 훨씬 유리합니다.**

8. 사장님 상황별 맞춤형 신고 방법 추천 (제 개인적인 생각입니다!)

자, 그럼 어떤 상황에서 어떤 방법으로 신고하는 게 좋을까요? 제 개인적인 생각을 정리해봤습니다.

1) **새로 창업한 음식점인데, 다행히 장사가 잘돼서 매출이 지출보다 더 높다! (그리고 단순경비율 적용 대상이면서, 실제 경비율이 단순경비율보다 낮아서 적자가 아닌 경우)**
   - **1순위 추천**: 국세청에서 친절하게 보내준 **'모두채움' 서비스**를 이용해서 신고하시는 것을 추천합니다. 나라에서 하라는 대로 하는 게 제일 속 편할 수 있습니다.
   - **2순위 추천**: 위 모두채움 서비스 안내문이 너무 어렵거나, 클릭 몇

번 하는 것도 귀찮다! 하시면 **'세무앱' 같은 간편 신고 서비스**를 이용하시는 것도 차선책이 될 수 있습니다. (단, 위에서 말씀드린 책임 문제는 꼭 인지하셔야 합니다.)

2) **새로 창업한 음식점인데, 초기 투자 비용이 너무 많이 들어가서 매출보다 지출이 훨씬 더 높다! (단순경비율 적용 대상이지만, 실제로는 적자인 경우)**

○ **무조건 추천**: 간편장부라도 작성해서서 '일반신고'를 하시는 것을 강력 추천합니다. 적자 금액(결손금)을 제대로 신고해 두셔야 나중에 세금 혜택을 받을 수 있습니다.

○ 이때 세무사 사무실에 맡길지, 아니면 사장님께서 직접 셀프로 신고하실지는 사장님의 시간, 비용, 그리고 세무 지식 수준을 고려해서 결정하시면 됩니다.

3) **장사한 지 여러 해가 지났고, 이제는 장사가 너무 잘돼서 복식부기 장부 작성 의무자가 되었다!**

○ **무조건 추천**: 이 정도 단계에 이르신 사장님이라면, 고민하지 마시고 **실력 있고 믿을 만한 세무사 사무실**에 맡기시는 것을 추천합니다. 복식부기는 정말 전문가의 영역입니다.

9. 좋은 세무사? 결국 사장님의 '관심'이 답입니다

저는 음식점 운영 초기에는 모든 세금 신고를 직접 셀프로 했습니다.

세무사 사무실에 내는 비용이 아깝다기보다는, 어차피 사업 초기에는 세금이 얼마 나오지 않을 테니 이참에 직접 부딪혀보면서 세금 공부를 해 보자는 생각이었습니다. 그러다가 나중에는 부가가치세는 직접 하고, 종합소득세만 세무사 사무실에 맡기게 되었죠.

이런 경험을 바탕으로 제가 생각하는 '좋은 세무사 사무실'의 기준은 딱 하나입니다. 바로, **사장님 매장에 진심으로 관심을 가져주는 세무사 사무실**입니다.

솔직히 말씀드리면 한 명의 세무사님이나 직원분이 담당하는 거래처 수가 정말 어마어마하게 많거든요. 그러다 보니 그 많은 거래처 사장님들 한 분 한 분을 살뜰하게 챙기기가 현실적으로 매우 어렵습니다. 그럼에도 불구하고, 일부 세무사님들은 정말 자기 일처럼 사장님 매장을 케어하려고 노력하십니다. 먼저 연락해서 "사장님, 이번에 이런 좋은 정부 지원 제도가 새로 나왔는데 한번 알아보시죠?", "올해 세법이 이렇게 개정되었으니, 사장님께서는 이런 부분을 꼭 챙기셔야 합니다." 등등… 이런저런 이야기를 먼저 건네주는 사무실이 있다면, 정말 복받으신 겁니다.

하지만 아무리 좋은 세무사님을 만났다고 해도, 결국 가장 중요한 것은 **사장님 스스로가 세금에 대해 이해하려고 노력하는 자세**입니다.

많은 세무사님들이 가장 힘들어하시는 부분이 뭔지 아십니까? 정말 최선을 다해 합법적인 방법으로 절세를 해 드렸는데, 정작 돌아오는 사장님의 대답이 "아니, 옆집 김 사장은 나보다 매출도 훨씬 높은데, 세금

이 어떻게 나보다 적게 나올 수가 있어요! 이거 뭔가 잘못된 거 아니에요?!" 라는 하소연이라고 합니다. 사장님, 세금은 그렇게 단순하게 옆집이랑 매출액만 놓고 비교해서 계산되는 것이 절대 아닙니다. 이런 부분을 사장님 스스로가 공부하고 이해하셔야, 세무사님과도 더 깊이 있는 소통을 할 수 있고, 억울한 오해도 줄일 수 있습니다.

10. 사장님을 기다리는 세금 이슈들 (한 번 더 체크!)

이미 부가세 편에서 말씀드렸던 내용이지만, 너무 중요해서 다시 한 번 강조 드립니다.

1) **부가세 폭탄 주의! 쿠팡, 네이버 등 온라인 구매 건 '불공제' 확인 필수!** 2024년부터 신용카드로 온라인 쇼핑몰에서 구매한 물건들이 홈택스에서 자동으로 '불공제' 처리되어 있을 가능성이 매우 높습니다. 사업용으로 구매한 것이 맞다면, 사장님께서 직접 홈택스에 들어가서 '공제'로 변경하셔야 합니다. (바쁘신 세무사 사무실에서는 이거 일일이 못 챙겨 줄 확률이… 음… 한 58000% 정도 됩니다. 농담 아니고 진담입니다!)
2) **음식점 직원, '3.3% 프리랜서' 신고는 이제 그만!** 아직도 음식점에서 근무하는 직원을 4대 보험 대신 3.3% 사업소득자로 신고하는 업장들이 꽤 많이 있습니다. 그런데 요즘 국세청과 건강보험공단

이 서로 정보를 공유하면서 이런 부분에 대해 소명자료를 요구하는 등 집중적으로 관리하고 있다고 합니다. 걸리면 가산세 폭탄 맞을 수 있습니다. 법률적으로도 음식점 직원을 3.3%로 고용하는 것은 대부분 불법입니다. 제발 올해부터라도 정식으로 4대 보험 가입을 하시거나, 최소한 일용직 신고라도 제대로 하시기를 간곡히 부탁드립니다.

요즘 돌아가는 판세를 보면… 국세청에서 그동안 이런저런 사정으로 눈감아 주었던 부분들마저 하나하나 들춰내면서, 우리 자영업자 사장님들을 엄청나게 쥐어짜고 있다는 느낌을 지울 수가 없네요. 이럴 때일수록 우리가 더 정신 바짝 차려야 합니다.

절세의 첫걸음은 '사장님의 기록', 마침표는 '사장님의 검증'

사장님, 제가 오늘 정말 길고 복잡한 이야기를 많이 드렸습니다. 하지만 제가 가장 강조하고 싶은 부분은 이것입니다. 사장님께서 앞으로도 계속 사업을 해 나가실 계획이라면, 언젠가는 반드시 장부를 작성해서 '일반신고'를 통해 세금을 신고하고 납부하셔야 한다는 것입니다.

세무사 사무실에서 보내준 금액, 세무앱 같은 앱에서 보여 주는 금액, 국세청의 모두채움 서비스에서 안내해 준 금액… 이런 것들만 믿고 그냥 생각 없이 세금을 납부하시는 것보다는, **사장님 스스로 "이 세금**

이 정말 나에게 합당한 금액인가?"에 대해 한 번쯤은 검증하고 넘어갈 수 있는 능력을 키우셔야 합니다.

그리고 그 검증의 시작은, 바로 사장님만의 꼼꼼한 '기록'입니다.

매일매일의 매출과 지출을 빠짐없이 기록하는 습관을 들이시고, 그 기록을 바탕으로 사장님께서 내셔야 할 세금을 대략적으로라도 직접 계산해 보시는 것이 정말 중요합니다. 세무사님이든, 세무앱 어플이든, 결국 사장님의 홈택스에 있는 데이터를 기반으로 세금을 계산합니다. 하지만 사업을 운영하다 보면 홈택스에 자동으로 잡히지 않는 매출이나 지출도 생기기 마련이고, 또 위에서 말씀드린 것처럼 홈택스 데이터가 잘못 분류되어 있을 수도 있습니다. 이런 차이들이 결국 세금을 더 내게 만들거나, 반대로 덜 내서 나중에 세무조사를 받는 불상사로 이어질 수 있습니다.

사장님만의 정확한 기록을 바탕으로, 세금 신고 시 그 내용을 하나하나 검증하고 확인하는 습관. 이것이야말로 진짜 '절세'로 가는 가장 확실한 길이라고 저는 믿습니다. 이 정도만 제대로 알고 준비하셔도, 세무사님하고 상담할 때 최소 10분은 버시는 겁니다.

제9장

사장님, 세금 적게 내면 무조건 좋을까요?
(부가세와 종합소득세, 그리고 '관리'의 기술)

사장님, 지난 챕터들에서 부가가치세니, 종합소득세니 하는 머리 아픈 세금 이야기들을 함께 나눠 봤습니다. "아이고, 이제 세금이라면 아주 지긋지긋해!" 하실지도 모르겠습니다. (웃음) 그런데 오늘은 조금 다른 각도에서 이 세금들을 바라보려고 합니다. 단순히 세금을 '계산'하고 '납부'하는 것을 넘어, 어떻게 '관리'해야 우리 사장님들의 사업과 인생이라는 큰 그림에 도움이 될 수 있을지, 제 경험과 고민을 바탕으로 솔직하게 이야기 나눠 보겠습니다.

1. 부가세, 다시 한번 핵심만 콕콕! (사장님 돈 vs. 나라 돈, 그리고 2024년 주의사항)

제가 이전 글에서 부가세를 '매장 중심의 세금'이라고 말씀드렸던 것, 기억나시나요? 부가세의 기본 원리는 간단합니다. (사장님 매장 매출액의 10%) - (사장님 매장 지출액의 10%) = (사장님이 내야 할 부가세). 그래서 부가세를 이해하실 때 가장 중요한 포인트는 딱 두 가지입니다.

1) **사장님이 물건을 사고팔 때, 그 가격에 부가세율 10%가 제대로 붙어 있는 품목인가? (과세 vs. 면세)** 사장님께서 사업자등록을 내실 때, 대부분은 '부가가치세 납부 대상 사업자(일반과세자 또는 간이과세자)'로 등록하십니다. 하지만 세상에는 부가세가 면제되는 업종도 있습니다. 대표적으로 학원 같은 교육 서비스업이나, 우리가 매일 먹는 쌀, 채소, 고기 같은 농·축·수·임산물을 판매하는 업종이 그렇죠. 만약 사장님께서 이런 면세사업자가 아니라면, 사장님 매장에서 발생하는 거의 모든 매출과 매입에는 원칙적으로 부가세 10%가 그림자처럼 따라다닌다고 생각하시면 됩니다. 예전에는 현금 거래가 많아서 국세청에 신고되지 않는 '숨은 매출'도 꽤 있었지만, 지금은 세상이 바뀌었습니다. 신용카드, 배달 앱, 각종 페이 등등… 사장님 매장의 매출은 거의 100% 국세청 레이더망에 잡힌다고 보시면 됩니다. 그러니 부가세를 조금이라도 줄이려면, 사장님의 '지출' 또한 국세청에 정확하게 등록되도록 꼼꼼히 챙기셔야 합니다.

2) **사장님이 지출한 비용, 과연 부가세 지출로 인정받을 수 있는가? (공제 vs. 불공제)** 사업용으로 돈을 썼다고 해서 그 지출액의 10%를 전부 부가세에서 공제받을 수 있는 건 아닙니다. 어떤 지출은

'공제' 대상으로 인정받지만, 어떤 지출은 '불공제' 대상으로 찍혀서 공제를 못 받기도 합니다. (예를 들어, 사업과 직접 관련 없는 지출이나 접대비 등은 공제받기 어렵습니다.) 그리고 우리 외식업 사장님들께는 아주 특별한 혜택, 바로 면세 농산물 구입액의 일부를 공제해 주는 '의제매입세액공제'가 있다는 것도 다시 한번 기억해 주시고요.

3) **[특히 2024년 부가세법 개정 관련 중요 업데이트!]** 이거 정말 아무리 강조해도 지나치지 않습니다. 대부분의 사장님들이 사업용 카드를 홈택스에 등록해 두면 알아서 다 지출로 인정될 거라고 믿고 계십니다. 하지만, 사장님! **절대 그렇지 않습니다!** 사장님께서 분명 사업용으로 물건을 구매하셨다 하더라도, 국세청 홈택스 시스템에서는 특정 품목들을 자동으로 **'불공제'** 처리해 버리는 경우가 비일비재합니다. "이거 사장님이 개인적으로 쓰려고 산 거 아니에요?" 하고 일단 의심부터 하는 거죠.

4) 솔직히 말씀드리면, 세무사 사무실에서 사장님 매장의 수많은 카드 지출 내역을 하나하나 들여다보면서 이게 진짜 사업용인지, 개인용인지 구분해 주는 건 거의 불가능에 가깝습니다. 왜냐고요? 세무사 사무실도 결국 사업을 하는 곳입니다. 그 많은 시간을 들여 일일이 구분해 주는 것보다, 그냥 홈택스에 분류된 대로 신고하는 게 훨씬 효율적이니까요. (물론 꼼꼼한 세무사님도 계시겠지만, 현실적으로 어렵다는 말씀을 드리는 겁니다.) 그러니 사장님,

제발 부탁드리건대, 한 달에 한 번씩이라도 꼭 홈택스에 들어가셔서 카드 사용 내역을 쭉 훑어보시고, 사업용으로 지출했는데 '불공제'로 잘못 처리된 항목이 있다면 직접 '공제'로 변경하는 작업을 하셔야 합니다. 내 돈은 내가 지켜야죠!

2. 부가세와 종합소득세, '한 세트'가 아니라고요?

우리나라에는 특히 1인 자영업자 사장님들이 많으십니다. 그리고 많은 1인 사장님들이 부가세 신고할 때 적어냈던 1년 치 매출액과, 다음 해 5월 종합소득세 신고할 때 사업소득으로 적어내는 매출액이 똑같거나 거의 비슷합니다. 이런 이유 때문에 많은 사장님들이 부가세와 종합소득세를 마치 샴푸와 린스처럼 항상 같이 따라다니는 '한 세트'라고 생각하시는 경향이 있습니다.

사장님, **절대 아닙니다!** 부가세와 종합소득세는 완전히 다른 세금이라고 생각하시는 것이 속 편합니다. 부가세는 부가세대로, 종합소득세는 종합소득세대로 따로 구분해서 대비하셔야 합니다. 제가 이전 글에서도 누누이 말씀드렸지만, 부가세는 가게(매장)의 매출과 지출만 잘 구분하면 누구나 어느 정도 계산할 수 있는 비교적 단순한 세금입니다. 하지만 종합소득세는 그렇게 간단하지가 않습니다.

3. 종합소득세 계산의 핵심, '사장님의 기록 (기장)'

예를 들어, 1인 자영업자 사장님께서 부가세 신고 시 연 매출 3억 원을 신고하셨다고 가정해 봅시다. 그럼 다음 해 5월 종합소득세 신고 때도 사업소득 부분에 연 매출 3억 원을 적으시겠죠. 하지만 여기서 끝이 아닐 수 있습니다. 만약 이 사장님께서 가게 운영과는 별개로, 퇴근 후에 배달 아르바이트를 해서 추가 수입을 얻으셨다면 어떨까요? 당연히 그 아르바이트 수입도 종합소득세 신고 시 함께 포함해서 신고해 주셔야 합니다. 즉, 2023년에 가게 매출 3억 원에 배달 아르바이트로 1천만 원을 더 버셨다면, 사장님의 2023년 총수입(매출)은 3억 1천만 원으로 신고하셔야 하는 겁니다.

이처럼 종합소득세는 가게에서 발생한 사업소득뿐만 아니라, 배달 아르바이트로 번 근로소득(또는 기타소득), 은행 예금에서 발생한 이자소득, 주식 투자로 얻은 배당소득, 혹시 건물을 가지고 계셔서 받는 월세 수입(부동산임대소득) 등 **사장님 개인에게 발생한 모든 종류의 소득을 합산해서 신고**합니다. 그러니 사장님의 상황에 따라 부가세 신고 시의 매출액과 종합소득세 신고 시의 총수입(매출) 금액은 같을 수도 있고, 다를 수도 있다는 이야기입니다.

그렇게 합산된 총수입에서 사업과 관련된 총지출(필요경비)을 빼고, 각종 소득공제(인적공제, 연금공제, 4대 보험료 공제 등)를 적용한 후, 세율을 곱하고, 또 세액감면(청년창업세액감면 등)을 적용해서 최종적으로 납부할 종합소득세가 결정됩니다. (이 계산 과정은 이전 챕터에서 자세히 다루었으니 참고해 주세요!)

이 모든 복잡한 과정에서 가장 중요한 기초 자료가 되는 것이 바로 사장님의 '기록', 즉 '기장'입니다. 종합소득세는 부가세처럼 매출과 지출에 10%가 붙어 있느냐를 따지는 세금이 아닙니다. 딱 한 가지만 봅니다. **"그래서, 그 매출과 지출이 실제로 일어난 일이 맞는가?"** 그리고 그 근거를 국세청에서는 사장님께서 작성하신 '기장'을 통해 확인합니다.

매출이 아주 적은 초기 사업자는 '기장' 없이도 추계신고(단순경비율 등) 방식으로 종합소득세 신고를 할 수 있지만, 일정 매출 이상이 되면 반드시 '기장(간편장부 또는 복식부기)'을 하셔야 하는 이유가 바로 여기에 있습니다. 그런데 이 '기장'이라는 것이 단순히 가계부 쓰듯이 수입 얼마, 지출 얼마 적는 것이 아닙니다. 회계에서 말하는 부채, 자본, 자산의 개념이 들어가기 때문에 꽤 복잡하고 전문적인 지식이 필요합니다. 제가 이전 글에서도 종합소득세만큼은 가급적 세무사 사무실을 이용하시라고 말씀드렸던 이유이기도 하고요.

국세청은 일단 사장님께서 제출하신 '기장'을 바탕으로 세금 신고를 접수합니다. 그리고 그 후에 사장님의 '기장' 내용이 동종 업계 평균보다 너무 튀거나, 국세청 내부 기준에서 봤을 때 뭔가 이상한 점이 발견되면 그때부터 자세히 들여다보기 시작합니다. 만약 문제가 발견되면 "사장님, 이 부분 이상한데 증빙자료 좀 내보시죠?" 하고 요구하거나, 경고장을 날리기도 합니다. 사안이 심각하다고 판단되면, 그때는 무시무시한 "세무조사"가 진행될 수도 있는 것이고요.

4. 세금, 무조건 적게 내는 게 장땡일까요?

자, 이제 오늘 이야기의 핵심입니다. "세금은 무조건 적게 내는 게 좋은 거 아니야?" 많은 사장님들이 이렇게 생각하실 겁니다. 물론 저도 장사 초기에는 그렇게 생각했습니다. 하지만 사업을 좀 더 길게 보고, 또 여러 가지 상황을 겪다 보니 꼭 그렇지만은 않다는 것을 깨닫게 되었습니다.

(1) 부가세의 두 얼굴: 비용인가, 신용인가?

부가세 신고 기간인 1월과 7월이 되면, 자영업자 커뮤니티(예를 들어 '아싸 카페' 같은 곳)에 이런 질문 글들이 많이 올라옵니다. "사장님들, 이번 7월에 매출 3억 신고했는데 부가세 700만 원 나왔습니다. 이 정도면 적당한 건가요?" 비슷한 매출을 올린 다른 사장님들은 부가세를 얼마나 냈는지 궁금해하시는 거죠.

이 질문에 대한 가장 적절한 답변은 무엇일까요? 바로 **"그게 적당한지는 아무도 알 수 없습니다."** 입니다. 왜냐하면 부가세는 사장님 매장의 '영업이익'과 아주 비슷한 개념이기 때문입니다. 부가세는 기본적으로 (매출부가세) - (매입부가세)로 계산되죠. 쉽게 표현하자면 '10 - 1 = 9'이냐, '10 - 9 = 1'이냐의 문제입니다. 부가세를 많이 냈다는 것은, 그만큼 매입(지출)보다 매출이 훨씬 많았다는 뜻이고, 결국 영업이익률이 높다는 의미가 될 수 있습니다. 반대로 부가세를 적게 냈다면 영업이익률이 낮거나, 혹은 매입 관련 공제를 아주 잘 챙겼다는 뜻이겠죠.

그러니 "매출 3억에 부가세 700만 원 나왔는데 적당한가요?"라는 질문을 바탕으로 사장님께서 생각하실 수 있는 건, '저 사장님보다 내 부가세가 더 높다면, 우리 가게 영업이익률이 더 좋다는 뜻이겠군', '만약 내 부가세가 더 낮다면, 우리 가게는 마진이 좀 박하거나 지출 관리를 더 타이트하게 하고 있구나' 정도로 참고하시는 겁니다. (물론 비교하실 때는 상대방 업종이 나랑 비슷한가를 꼭 보셔야 합니다. 전혀 다른 업종과의 부가세 비교는 큰 의미가 없습니다. 다만, 영업이익률이 높은 사업 아이템을 찾고 계신다면 이런 비교도 챙겨보시는 게 좋겠죠.)

여기서 중요한 포인트! 사장님들께서 나중에 사업 자금이 필요해서 **신용보증재단 같은 곳에서 대출 심사를 받을 때, 이 부가세 납부 내역을 아주 중요하게 봅니다.** 신용보증재단은 기본적으로 사장님 매장의 '매출'을 보고 그 신용을 보증해서 은행 대출을 연결해주는 곳이기 때문입니다. 사장님의 매출 신고액과 그에 따른 부가세 납부액이 꾸준하고 높을수록, 신용보증재단에서 나올 수 있는 대출 한도도 높아질 가능성이 큽니다.

신용보증재단을 통해 받을 수 있는 대출은 정부 지원 자금인 경우가 많아서, 시중 은행 금리보다 훨씬 저렴합니다. 나중에 사업을 확장하거나 매장을 늘릴 계획이 있으신 사장님이라면, 이렇게 저금리로 대출

받을 수 있는 좋은 기회를 놓칠 이유가 없겠죠? 이런 경우라면, 부가세 납부 시 무조건 최대한 낮추려고만 하기보다는, **어느 정도 성실하게 납부해서 대외적인 신용도를 높여놓는 것이 장기적으로 더 유리할 수 있습니다.**

(2) 종합소득세와 나의 미래: 연금, 건강보험, 그리고 내 집 마련의 꿈

종합소득세는 사장님 가게의 매출뿐만 아니라, 사장님 개인의 소득 상황을 기준으로 세금을 매기는 것입니다. 그래서 사장님의 자녀가 몇 명인지, 부양가족은 있는지, 가지고 계신 다른 자산 규모는 어떤지 등등 수많은 개인적인 변수들에 따라 최종 세액이 달라집니다. 그러니 "연 매출 3억인데 종합소득세 400만 원 나왔어요. 적당한가요?" 같은 질문 글은 정말 아무 의미 없는 내용입니다. 사장님의 상황과 전혀 다른 사람의 세금 액수를 보고 괜히 마음 쓰실 필요가 없다는 이야기입니다.

사장님께서 납부하신 종합소득세는 단순히 '세금 냈다, 끝!'에서 끝나지 않습니다. 이게 또 어디에 영향을 미치냐면, 바로 **국민연금과 건강보험료**입니다. 보통 2023년 5월에 납부한 종합소득세(즉, 2022년 1년 치 소득 기준)를 바탕으로, 사장님의 국민연금과 건강보험료는 그 다음 해인 2023년 7월~11월 사이에 새롭게 갱신(조정)됩니다. 아이러니하게도, 2023년 5월에 낸 종합소득세는 2022년도 소득 기준이니, 결국 내가 지금 내고 있는 국민연금과 건강보험료가 **1년 전 소득을 기준으로 책정**되는 셈입니다. 이 '1년의 시간차'를 꼭 인지하고 계시는 것이

중요합니다.

만약 현재 소득이 1년 전보다 크게 줄어서 지금 내는 연금이나 건강보험료가 너무 부담스럽다면, 가만히 있지 마시고 국민연금공단이나 건강보험공단에 문의해서 보험료를 낮출 수 있는지 알아보셔야 합니다. 중요한 점은, **알아서 낮춰 주지 않는다는 겁니다. 사장님이 직접 움직이고 챙기셔야 합니다.**

그리고 또 하나! 우리 사장님들이 열심히 돈 벌어서 가장 하고 싶은 일 중 하나가 바로 '내 집 마련' 아니겠습니까? 그런데 이 부동산 구매를 위해 대출(주택담보대출 등)을 받을 때, 은행에서 가장 중요하게 보는 서류 중 하나가 바로 사장님의 **국민연금 및 건강보험료 납부 내역**입니다. 왜냐하면 이 납부 내역이 사장님의 월평균 소득을 객관적으로 가늠할 수 있는 중요한 지표가 되기 때문입니다. 그래서 만약 사장님께서 차후에 부동산 구매를 위해 대출을 최대한 많이 받을 계획이 있으시다면, 종합소득세 신고 시 각종 소득공제, 경비처리, 세액감면 등을 일부러 줄여서 신고하고, 그 결과로 연금과 건강보험료를 더 많이 내는 것이 장기적으로 유리한 선택이 될 수도 있습니다. (물론 당장 내는 세금은 늘어나겠지만요.)

세금은 '절세'가 아니라 '관리'입니다

사장님, 오늘 정말 길고 복잡한 이야기를 많이 드렸습니다. 마지막으로 위에서 드린 말씀들을 다시 한번 간단히 정리해 보고, 제 생각을 덧붙이며 마무리하겠습니다.

부가세 납부 시에 사장님께서 꼭 챙기셔야 할 것은 딱 두 가지입니다.

1) 사장님의 매출과 지출 항목이 각각 **과세품목인지, 면세품목인지 정확히 구분**하는 것. (특히 의제매입세액공제 관련해서요!)
2) 그리고 부가세 신고 전에 반드시 **홈택스에 들어가셔서 사업용으로 지출한 내역 중에 '불공제'로 잘못 처리된 부분을 '공제'로 직접 바꾸시는 것.** (이거 안 하시면 정말 피눈물 흘리실 수 있습니다!)

종합소득세 납부 시에는 다른 무엇보다 '기장'이 제일 중요합니다. 세무사님께 모든 것을 맡기시더라도, 사장님만의 매출과 지출 기록을 꾸준히, 그리고 꼼꼼하게 작성하시는 것이 좋습니다. 사업과 관련된 것이라면 아주 사소한 영수증 한 장이라도 일단 모으고 기록해 두세요. 그게 나중에 지출로 인정받을 수 있을지 없을지는 세무사님이 판단해 주실 겁니다. 하지만 기록 자체가 없으면, 아무리 유능한 세무사님이라도 없는 지출을 만들어낼 수는 없습니다.

그리고 "세금을 무조건 적게 내는 것이 옳은 것인가?"라는 질문에 대해서는, 사장님의 현재 상황과 미래 계획에 따라 답이 달라질 수 있다는 말씀을 드렸습니다.

1) **1~2년 안에 부동산 구매 계획이 있거나, 사업 확장을 위한 대출 또는 투자를 받을 계획이 있으신 경우**: 이런 경우에는 세금을 무조건 적게 납부하는 것보다는, 어느 정도 적정선에서 성실하게 납부하여 대외적인 신용도(매출 규모, 소득 수준 등)를 좋게 만들어 놓는 것이 장기적으로 유리할 수 있습니다.
2) **당장 큰 대출이나 투자받을 계획은 없고, 최대한의 현금 흐름을 확보하고 싶으신 경우**: 아마 대다수의 사장님들이 여기에 해당하실 겁니다. 이런 경우에는 세금 신고 시 활용할 수 있는 모든 경비 처리, 세액감면, 소득공제 항목들을 최대한 꼼꼼하게 챙기셔서 세금 부담을 줄이시는 것이 좋겠죠.
3) **1년 전 소득 기준으로 책정된 현재의 연금과 건강보험료가 너무 부담스러우시다면**: 주저하지 마시고 해당 공단에 문의해서 현재 소득 수준에 맞게 보험료를 조정할 수 있는지 꼭 알아보세요. (조정 방법은 네이버 블로그 같은 곳에 검색하시면 자세히 많이 나옵니다.)

저는 세금을 공부하고 또 직접 부딪혀보면서 한 가지 크게 깨달은 것이 있습니다. 세금은 단순히 '아껴야 한다', '줄여야 한다'는 '절세(節稅)'의 대상이라기보다는, **나의 현재 상황과 미래 계획에 맞춰 능동적으로 조절하고 대비해야 하는 '관리(管理)'의 대상**이구나 하는 것입니다.

요즘 세무앱이니 뭐니 해서 세무 대리 앱들이 많이 나오고 있습니다.

물론 편리한 점도 있겠지만, 그 앱들도 완벽하지는 않습니다. 그리고 얼마 전에는 세무사협회에서 해당 앱 본사에 소송을 걸었다는 뉴스도 나왔죠. 과거 로톡(법률 서비스 플랫폼)처럼 결국 시장에 안착할지, 아니면 타다(승차 공유 서비스)처럼 규제의 벽을 넘지 못하고 사라질지, 해당 서비스들의 미래가 앞으로 어떻게 될지는 아무도 모릅니다.

  하지만 한 가지 확실한 사실은, **사장님께서는 사업을 하시는 동안 매년 세금을 내셔야 한다는 것입니다.** 이 사실은 절대 변하지 않습니다. 세금은 좋든 싫든, 사업자가 있는 한 평생 함께해야 하는 동반자 같은 존재입니다.

  부디 제가 오늘 드린 말씀들과, 이전 챕터들에서 나눴던 세금의 기본적인 흐름만이라도 제대로 이해하시고, 그 후에 세무사 사무실에 일을 맡기시든, 세무 대리 앱을 이용하시든, 아니면 직접 셀프 신고에 도전하시든… 현명한 결정을 내리셨으면 좋겠습니다.

제10장

사장님, 다음 달 '보험료 폭탄'에 대비하셨나요?
(국민연금·건강보험료의 숨겨진 규칙)

    사장님, 혹시 사업 첫해에 국민연금, 건강보험료 고지서 받고 "에게, 이게 다야? 생각보다 얼마 안 나오네?" 하고 안심하셨던 경험 있으신가요? 저도 그랬습니다. 마치 예상치 못한 용돈이라도 받은 기분이었죠.

    그 이유는 간단합니다. 사업 첫해에는 국세청에서 사장님의 진짜 소득이 얼마인지 알 길이 없습니다. 그래서 일단 '이 정도는 버시겠지.' 하고 최저 소득(2024년 기준 월 37만 원)을 기준으로 국민연금과 건강보험료를 자동 계산해서 부과합니다. 보통 두 가지를 합쳐서 월 7만 원 안팎으로 나오죠. 심지어 직원이 없는 1인 사장님이시라면, 가족 중에 직장 다니는 분 밑으로 피부양자 자격을 얻어서 건강보험료를 한 푼도 안 내는 경우도 있고요.

    하지만 사장님, 그 잠깐의 평화는 오래가지 않습니다. 진짜 고지서는 사장님께서 사업 첫해의 장사를 마치고, 그 다음 해 5월에 **종합소득세 신고를 하고 난 뒤에 날아오거든요.** 그때부터 사장님의 '진짜 소득'이 반영되면서, 우리가 알던 그 착했던(?) 보험료는 전혀 다른 모습으로 돌변하게 됩니다.

1. 직장가입자 사장님, '이것'부터 알고 가세요 (지역가입자와의 차이)

국민연금과 건강보험료는 사장님께서 '지역가입자'냐, '직장가입자'냐에 따라 매겨지는 방식이 조금 다릅니다. 아주 간단하게 말하면, 직원이 없이 혼자 일하시는 사장님은 보통 '지역가입자'로, 직원을 1명이라도 고용하고 계신 사장님(그리고 그 직원)은 '직장가입자'로 분류됩니다. 오늘 이 글에서는 **직장가입자 사장님을 기준**으로 설명을 드릴 텐데요, 지역가입자 사장님들도 큰 틀에서는 비슷하게 적용되니 귀 기울여 주시면 좋겠습니다. 그리고 국민연금도 물론 중요하지만, 우리 사장님들 뒷목 잡고 쓰러지게 만드는 건 보통 **건강보험료**입니다. 왜 유독 건강보험료가 더 매운맛인지, 지금부터 그 비밀을 파헤쳐 보겠습니다.

2. 건강보험료, 왜 이렇게 매울까요? (두 가지 결정적 차이)

국민연금과 건강보험료, 둘 다 나라에서 하는 사회보험인데 왜 건강보험료가 유독 더 부담스럽게 느껴질까요? 크게 두 가지 이유가 있습니다.

(1) 내 소득의 끝은 어디? (보험료 상한액의 어마어마한 차이)

사장님, 국민연금은 "사장님이 아무리 많이 버셔도, 저희는 소득을 월 590만 원까지만 인정해서 보험료 받을게요." 하고 상한선을 정해 두었습니다. 그래서 2024년 기준 국민연금 보험료는 아무리 높아도 월 53만 원 정도(590만 원 × 9%)입니다.

그런데 건강보험료는 다릅니다. "사장님, 버시는 만큼 내셔야죠! 저희는 사장님 소득을 월 1억 원이 넘어도 다 반영해서 보험료 계산합니다!" 이런 식입니다. 그래서 2024년 기준 건강보험료는 소득에 따라 직장가입자의 경우 월 최대 848만 원(본인 부담 약 424만 원)까지 올라갈 수 있습니다. 국민연금은 '여기까지만 받을게' 하는 뚜렷한 상한선이 소득 기준으로 훨씬 낮은 반면, 건강보험은 사장님이 버시는 만큼 거의 정직하게(?) 보험료가 올라간다고 보시면 됩니다. 그러니 소득이 높을수록 건강보험료 부담이 훨씬 커지는 거죠.

(2) 과거는 과거일 뿐? (국민연금 vs. 건강보험, 정산 방식의 결정적 차이)

이게 정말 중요합니다, 사장님! 사장님의 2023년 1월부터 12월까지의 사업 실적(소득)은 2024년 5월 종합소득세 신고를 통해 확정됩니다. 그리고 이 확정된 소득을 기준으로 국민연금과 건강보험료가 다시 계산되는데요, 이때 두 보험의 '정산' 방식이 완전히 다릅니다.

● 국민연금: '쿨하게 현재부터!' (소급 적용 없음)

- 국민연금은 사장님의 2023년도 소득을 기준으로 계산된 새로운 보험료를 2024년 7월부터 부과합니다. 중요한 건, "사장님, 작년에 돈 많이 버셨네요? 그럼 2023년치 보험료 못 낸 거 지금이라도 더 내세요!" 하고 과거의 보험료를 소급해서 다시 달라고 하지 않는다는 겁니다. 그냥 "이번 7월부터는 이만큼 내시면 됩니다!" 하고 쿨하게 현재부터만 적용합니다.
- 건강보험: '과거의 영광까지 모두 정산!' (소급 적용 있음)
- 하지만 건강보험은 다릅니다. 아주 꼼꼼하게 과거까지 다 정산합니다. 건강보험공단은 사장님의 2023년도 확정 소득을 기준으로 2024년 11월쯤에 2023년도 1년 치 건강보험료를 다시 계산합니다. 그리고 이렇게 다시 계산된 금액과, 사장님께서 2023년 동안 실제로 납부했던 건강보험료를 비교해서 그 차액을 추가로 고지합니다. 이게 바로 악명 높은 '건강보험료 연말정산(소득 정산)'입니다.
- 예를 들어, 사장님께서 2023년도에 운 좋게 피부양자로 등록되어 건강보험료를 한 푼도 안 내셨다고 가정해 봅시다. 그런데 2024년 5월에 종합소득세 신고를 해 보니 2023년도 소득금액이 5천만 원으로 잡혔습니다. 그럼 건강보험공단에서는 "사장님, 2023년에 소득 5천만 원이셨는데 보험료를 하나도 안 내셨네요? 2023년도 1년 치 건강보험료 약 400만 원(소득 5천만 원 기준 대략적인 금액), 지금이라도 내셔야겠습니다!" 하고 고지서를 보내는 겁니다. 만약 2023년도에 건강보험료를 일부 납부하셨다면, 그 차액만큼만 고지되겠죠.

(이때, 직장가입자로 가입되어 직원 월급 기준으로 사장님 월급을 300만 원으로 신고해서 건강보험료를 내고 있었다고 해도, 종합소득세 신고 소득이 그보다 훨씬 높다면 그 차액만큼 또 고지서가 날아옵니다.)
- 다행히 이 추가로 부과된 건강보험료(예시의 약 400만 원 - 기존 납부액)는 12개월로 나눠서 낼 수 있도록 해 줍니다. 하지만 어쨌든 한꺼번에 혹은 나눠서라도 과거에 안 냈던 보험료를 내야 한다는 사실은 변함이 없습니다. 이게 진짜 '폭탄'처럼 느껴지는 이유죠.

3. 그래서, 얼마나 오르는 건데요? (충격적인 보험료 인상 예시)

만약 사장님의 종합소득세 신고 소득금액이 5천만 원으로 잡힌다면, 대략적으로 국민연금은 월 37만 원, 건강보험료는 월 33만 원 정도가 됩니다. (2024년 요율 기준, 실제로는 개인별 공제 등에 따라 다를 수 있습니다.) 그럼 두 가지를 합하면 월 70만 원이죠.

사업 첫해에 두 가지 합쳐서 약 7만 원만 내다가, 종합소득세 신고 한 번 하고 나니 다음 해부터 갑자기 월 70만 원을 내라고 하면… 사장님들께서 깜짝 놀라 뒤로 넘어가지 않으시는 게 이상할 정도입니다. "아니, 내가 뭘 그렇게 잘못했다고!" 하는 배신감마저 드실 수 있습니다.

게다가 건강보험료는 사장님의 '재산'과도 연동되어서 소득 외에 재산이 많으면 보험료가 더 오를 수 있습니다. 그래서 사업하시는 분들이 고가의 자동차를 구입할 때, 괜히 자기 명의로 바로 사지 않고 리스나 장기 렌트를 이용하는 이유 중 하나가 바로 이 건강보험료 부담을 조금이라도 줄여보려는 눈물겨운 노력(?)이기도 합니다.

4. 한눈에 보는 국민연금 vs. 건강보험 (2024년 기준 요약)

구분	요율 (직장가입자 기준)	보험료 상한액 (월)	소급적용 여부	정산(조정) 시기
건강보험료	약 8% (본인부담 약 4%)	직장가입자: 약 848만원 (본인 약 424만원) 지역가입자: 약 424만원	O (있음)	매년 11월경
국민연금 보험료	9% (본인부담 4.5%)	약 53만원	X (없음)	매년 7월

(위 표의 보험료 상한액 등은 변동될 수 있으니 참고만 하세요!)

5. 세금의 흐름을 알면 '보험료 폭탄'도 대비할 수 있습니다

사장님의 세금과 사회보험료는 대략 이런 흐름으로 움직입니다. (2023년 소득 기준 예시)

기간	내용	비고
2023년 1월 ~ 12월	열심히 장사하여 매출과 지출 발생	
2024년 1월, 7월	2023년도 상반기/하반기 부가가치세 신고 및 납부	
2024년 5월	2023년도 1년치 소득에 대한 종합소득세 신고 및 납부 (2023년 총소득금액 확정)	
2024년 7월	확정된 2023년 소득 기준으로 국민연금 보험료 조정 (소급 적용 없음)	
2024년 11월경	확정된 2023년 소득 기준으로 건강보험료 정산 및 추가 고지 (소급 적용 있음)	건강보험료 정산 시 추가 고지될 수 있음

만약 사장님께서 재산이 많지 않으시고, 최대한의 현금 흐름을 만들고 싶으시다면, 사실 2024년 7월에 낸 부가세(2024년 상반기분)부터 잘 확인하셔서 2025년 5월 종합소득세 부담을 예측하고 줄이려는 노력을 하셨어야 했습니다. 이미 2024년 7월은 지났으니, 다가오는 **2025년 1월 부가세 신고 시에 매입 관련 자료(지출 증빙)를 정말 꼼꼼히 살펴보셔서 공제받을 수 있는 건 최대한 다 받으셔야 합니다.**

그리고 그 후에 **2025년 5월에 종합소득세를 신고하고 나면, 그때 확정된 소득금액을 바탕으로 앞으로 내야 할 국민연금과 건강보험료(특히 건강보험료 추가분!)를 미리 대략적으로라도 계산**해 보시고, 그 차액만큼은 통장에 '보험료 납부용 특별 자금'으로 따로 빼 두시는 것을 강력하게 추천합니다. 그게 나중에 한꺼번에 목돈 나갈 때 심리적인 충격을 조금이라도 줄일 수 있는 방법입니다.

6. 사장님, 이것만은 기억하세요! (마지막 정리)

오늘 정말 복잡하고 머리 아픈 이야기 많이 드렸습니다. 마지막으로 핵심만 다시 한번 정리해 드릴게요.

1) 앞으로 국민연금은 나이별(또는 세대별)로 요율이 지금보다 더 인상될 가능성이 높습니다. (26년부터 0.25%~1%씩 오릅니다.)
2) 사업 첫해에는 국민연금과 건강보험공단에서 사장님의 소득을 최저소득으로 가정하고 보험료를 매깁니다. (그래서 얼마 안 나옵니다.)
3) 다음 해 종합소득세 신고로 실질소득이 파악되면, 국민연금은 그해 7월부터, 건강보험은 그해 11월쯤에 보험료를 재정산(보통 인상)합니다.
4) 국민연금은 과거 소득에 대해 소급해서 보험료를 더 내라고 하지 않습니다. (7월부터 인상된 금액만 잘 내면 됩니다.)
5) 하지만 건강보험은 다릅니다! 과거 소득에 대해 보험료를 다시 계산해서, 덜 냈던 부분을 소급해서 추가로 내라고 합니다. (이게 바로 '폭탄'의 주범입니다.)
6) 세금과 사회보험료의 전체적인 흐름을 이해하시고, 매년 5월 종합소득세 신고가 끝나면 그 결과를 바탕으로 앞으로 내야 할 국민연금과 건강보험료를 미리 예상해서 통장에 따로 준비해두시는 지혜가 필요합니다.

제11장

사장님, '망했을 때'를 위한 최소한의 안전장치는 마련하셨나요?
(노란우산공제, 아는 만큼 힘이 됩니다)

사장님, 창업 초기에는 하루하루가 살얼음판이죠. 자금 걱정, 손님 걱정, 밀려드는 일 처리… 정신없이 앞만 보고 달리다 보면 정작 중요한 것을 놓치기 쉽습니다. 그런데 사업이 어느 정도 궤도에 올랐다고 해서, 혹은 이제 막 첫발을 떼었다고 해서 '안정'이라는 두 글자가 우리에게 쉽게 허락되던가요? 아마 아닐 겁니다.

그래서 오늘은, 우리 사장님들이 혹시 모를 위기 상황에서도 최소한의 생활 안정을 지키고, 다시 일어설 수 있는 발판을 마련하는 데 큰 도움을 줄 수 있는 '노란우산공제'에 대해 이야기해 보려고 합니다. 이름도 참 정겹죠? 마치 비 오는 날 든든하게 나를 지켜 줄 것 같은 그런 느낌입니다.

1. '노란우산'이 뭔가요? (사장님을 위한 최소한의 사회 안전망)

"노란우산공제가 도대체 뭔데 그래?" 하시는 사장님도 계실 겁니다.

아주 쉽게 말씀드리면, 우리 같은 소기업, 소상공인, 개인사업자 사장님들을 위한 '퇴직금' 혹은 '비상금 통장' 같은 거라고 생각하시면 됩니다.

우리는 회사원처럼 매달 꼬박꼬박 퇴직금이 쌓이는 것도 아니고, 갑자기 가게 문을 닫게 되거나, 나이가 들어 더 이상 일하기 어려워졌을 때 당장 기댈 곳이 마땅치 않잖아요? 이럴 때를 대비해서 매달 조금씩 돈을 모아 뒀다가, 정말 필요한 순간에 목돈으로 돌려받을 수 있도록 나라에서 지원하는 공제 제도입니다. 갑작스러운 폐업, 노령, 심지어 예기치 못한 사망 시에도 사장님과 남은 가족들에게 큰 힘이 되어 줄 수 있는, 그야말로 우리 사장님들의 '최후의 보루'이자 '든든한 동반자'라고 할 수 있겠습니다.

2. 노란우산, 왜 들어야 할까요? (매력적인 혜택 3가지)

"그냥 적금 들면 되는 거 아니야?" 물론 그것도 방법입니다. 하지만 노란우산공제에는 적금만으로는 얻을 수 없는 아주 매력적인 혜택들이 숨어 있습니다.

1) 어려울 때 힘이 되는 '공제금' (폐업·노령·사망 시 목돈 지급) 가장 핵심적인 혜택이죠. 사장님께서 가게 문을 닫게 되셨을 때(폐업), 만 60세 이상이 되어 은퇴를 고민하실 때(노령), 혹은 정말 예기치 못한 슬픈 일(사망)이 생겼을 때, 그동안 꼬박꼬박 납입한 원

금에 이자까지 더해서 목돈으로 돌려받을 수 있습니다. 갑작스러운 상황에서도 최소한의 생활 안정을 유지하고, 다시 일어설 수 있는 종잣돈이 되어 줄 수 있는 거죠.

2) 세금도 아껴 주는 '소득공제' (연 최대 500만 원!) 이거 정말 쏠쏠합니다, 사장님! 노란우산공제에 납입한 금액은 연간 최대 500만 원까지 소득공제를 받을 수 있습니다. 이게 무슨 말이냐면, 나중에 종합소득세 계산할 때 사장님의 소득에서 이 납입액만큼을 빼고 세금을 계산한다는 뜻입니다. 당연히 내야 할 세금이 확 줄어들겠죠? (소득 구간에 따라 공제 한도는 다를 수 있으니, 이건 꼭 확인해 보세요!) 나중에 공제금을 수령할 때도 일정 금액까지는 세금을 매기지 않는 비과세 혜택도 있으니, 그야말로 일석이조입니다.

3) 깨알 같은 '복지 혜택'도 놓치지 마세요! 단순히 돈만 모으고 돌려받는 게 아닙니다. 노란우산공제에 가입한 사장님들은 생각보다 다양한 복지 혜택도 누릴 수 있습니다. 예를 들어, 무료로 상해보험에 가입시켜 주기도 하고(사망 및 후유장애 시 최대 2년간 월 보험료 지원), 제휴된 병원에서 건강검진 할인을 받거나, 휴양시설 이용 할인 등 소소하지만 유용한 혜택들이 많으니 꼭 한번 찾아보세요. 이런 깨알 복지, 놓치면 아깝잖아요?

3. 나도 '노란우산' 쓸 수 있을까요? (가입 조건과 납입 방법)

"그럼 나도 가입할 수 있는 거야?" 네, 웬만한 우리 동네 사장님들은 거의 다 해당된다고 보시면 됩니다.

1) 누가 가입할 수 있나요? (가입 대상) 기본적으로 사업자등록증을 보유한 개인사업자나 법인 대표라면 누구나 가입할 수 있습니다. 다만, 사업 규모에 따른 조건이 있는데요, 쉽게 말해 상시근로자 수가 10명 미만인 소기업 또는 연 매출액이 일정 기준(업종별로 10억 원에서 120억 원 사이) 이하인 소상공인이면 됩니다. 자세한 업종별 기준은 노란우산공제 홈페이지에서 확인해보시는 게 가장 정확합니다.

2) 얼마나, 어떻게 내나요? (납입 방법) 사장님 주머니 사정에 맞춰서 매달 5만 원부터 최대 100만 원까지 5만 원 단위로 자유롭게 납입 금액을 선택할 수 있습니다. 사업이 잘 돼서 여유가 생기면 납입액을 늘릴 수도 있고, 반대로 좀 어려워지면 줄일 수도 있으니 너무 부담 갖지 않으셔도 됩니다. 자동이체로 해두면 매달 신경 쓰지 않아도 꼬박꼬박 적립되니 편리하고요.

4. 그래서, 돈은 언제, 어떻게 받는데요? (공제금 수령 조건과 방법)

열심히 부었으니, 이제 받는 방법을 알아봐야겠죠?

1) 언제 받을 수 있나요? (수령 조건) 위에서 말씀드렸듯이, 크게 세 가지 경우에 공제금을 받을 수 있습니다.
○ 폐업: 개인사업자가 폐업하거나, 법인이 해산했을 때
○ 노령: 만 60세 이상이 되고, 공제금을 청구할 때 (10년 이상 납입 조건 필요)
○ 사망: 가입자 사망 시 (유족에게 지급) 이 외에도 자연재해나 질병 부상 등으로 사업을 계속하기 어려울 때 받을 수 있는 경우도 있습니다.
2) 어떻게 신청하고 받나요? (수령 방법) 조건만 충족된다면, 생각보다 간단한 신청서(공제금 지급 청구서)와 몇 가지 증빙 서류를 제출하면 공제금을 받을 수 있습니다. 좋은 점은, 공제금을 한꺼번에 목돈(일시금)으로 받을 수도 있고, 아니면 매달 연금처럼 쪼개서 받을 수도 있다는 겁니다. 사장님의 상황과 필요에 맞게 선택하시면 됩니다.

5. '노란우산' 가입 전, 이것만은 꼭! (주의사항 두 가지)

사장님, 이렇게 좋은 노란우산공제라도 무턱대고 가입했다가는 나중에 "아이고, 내가 왜 그랬을까!" 하고 후회하는 일이 생길 수도 있습니다. 딱 두 가지만큼은 꼭 기억하시고 신중하게 결정하셔야 합니다.

1) 중도 해지는 '손해'일 수 있습니다! (원금 손실 및 세금 환수 가능성) 이게 가장 중요합니다. 노란우산공제는 기본적으로 장기적인 저축과 사회 안전망 기능을 하는 제도입니다. 그래서 정말 급하거나 부득이한 사정이 아니라면, 중간에 해지하는 것은 최대한 피하셔야 합니다. 중도에 해지하면 그동안 납입했던 원금보다 적은 금액을 돌려받을 수도 있고, 무엇보다 그동안 소득공제를 통해 받았던 세제 혜택을 다시 토해내야 하는(기타소득세 부과) 경우가 생길 수 있습니다. "이거 완전 배보다 배꼽이 더 큰 거 아니야?" 하실 수 있는 상황이 오는 거죠. 그러니 장기적으로 꾸준히 납입할 수 있을지를 신중하게 고민하셔야 합니다.
2) 꾸준히 낼 수 있을 만큼만! (무리한 납입은 금물) 소득공제 혜택이 크다고 해서, 혹은 나중에 목돈으로 받고 싶다고 해서 처음부터 너무 무리하게 높은 금액으로 납입을 시작하시는 것은 좋지 않습니다. 사업이라는 게 늘 좋을 수만은 없잖아요? 예상치 못한 자금 압박이 생길 수도 있고요. 그러니 욕심내서 처음부터 많이 넣기보

다는, 매달 부담 없이 꾸준히 낼 수 있는 금액으로 시작해서, 나중에 사업이 안정되고 여유가 생겼을 때 점차 납입액을 늘려나가는 방식을 추천합니다.

사장님, '노란우산' 하나쯤은 준비해 두세요

사장님, 사업이라는 망망대해를 항해하다 보면 언제 어떤 비바람을 만날지 아무도 예측할 수 없습니다. 늘 좋을 수만은 없다는 것을, 쓰디쓴 실패를 팔아먹고 사는 저 같은 사람은 너무나 잘 알고 있습니다.

이럴 때를 대비해서, 우리 사장님들께서는 최소한의 안전장치 하나쯤은 마련해 두셔야 합니다. 노란우산공제는 바로 그런 사장님들의 든든한 안전망이자, 혹시 넘어지더라도 다시 일어설 수 있도록 도와주는 작은 디딤돌이 되어 줄 수 있는 제도입니다.

제가 실패를 팔아 얻은 교훈 중 하나는, '최악의 상황을 대비하는 것이 어쩌면 최선의 전략'이라는 것입니다. 이 노란우산이 사장님의 평온한 오늘과, 혹시 모를 내일을 위한 작은 준비가 되기를 진심으로 바랍니다.

더 자세한 정보가 궁금하시다면, 중소기업중앙회나 노란우산공제 홈페이지(1666-9988)를 방문하시거나 직접 문의해 보시는 것이 가장 정확하고 빠릅니다.

직원 관리

제12장
사장님, 직원 뽑고 '끝'인 줄 아셨죠?
(4대보험, 원천세, 주휴수당 모르면 큰일 납니다!)

처음 직원을 뽑을 때가 생각납니다. 구인 사이트에 공고 올리고, 면접 보고, "내일부터 나오세요!" 한 다음에 근로계약서 한 장 쓰면, "자, 이제 일만 시키면 끝!" 이렇게 모든 게 간단할 줄 알았죠.

그런데 사장님, 현실은 그렇게 호락호락하지 않더라고요. 막상 직원을 채용하고 나니, 생각보다 훨씬 복잡하고 신경 써야 할 게 한두 가지가 아니었습니다. 특히 우리가 그동안 '에이, 다들 그렇게 하던데 뭐' 하고 당연하게 여겼던 것들이, 알고 보니 법을 어기는 '불법'인 경우가 정말 많았습니다. 대표적인 예가 바로 우리 음식점에서 직원을 프리랜서(3.3%)로 고용하는 관행입니다. 이거, 나중에 정말 큰 코 다칠 수 있는 위험한 줄타기입니다. (이 이야기는 다음 챕터에서 자세히 풀어 드릴게요!)

그래서 오늘은 사장님들께서 직원을 채용할 때, 다른 건 몰라도 최소한 이것만은 알고 가셔야 하는 '4대보험', '원천세(갑근세)', 그리고 '주휴수당'이라는 세 가지 중요한 용어와 그 개념에 대해 알기 쉽게 풀어 보려고 합니다. 사장님, 오늘 제가 드리는 말씀 속에 나오는 숫자들을 달달 외우려고 애쓰실 필요는 전혀 없습니다. 그냥 "아, 이런 게 있구나, 대략 이렇게 돌아가는구나." 하고 전체적인 흐름과 개념만 이해하시면 충분합니다. 그게 바로 돈 버는 지름길이니까요!

1. 직원의 안전벨트, 사장님의 의무! '4대보험' 파헤치기

사장님, '4대보험'이라는 말, 귀에 못이 박히도록 들어 보셨죠? 이건 국가에서 법으로 정한 사회보장제도로, 직원을 단 1명이라도 고용했다면 사장님께서 의무적으로 가입하고 신고해야 하는, 말 그대로 직원의 '안전벨트'이자 사장님의 '법적 의무'입니다. 정규직뿐만 아니라, 일정 조건을 만족하는 아르바이트생, 인턴, 비정규직 근로자도 모두 가입 대상입니다.

4대보험에는 크게 네 가지가 있습니다. 한번 살펴볼까요?

보험 종류	부담 주체	부담 비율	설명
국민연금	사장님/ 직원	각 소득의 4.5%씩, 총 9%	노후, 질병, 사고 등으로 소득이 줄거나 없어졌을 때 최소한의 생활을 보장하는 연금 제도 (노후 대비 저축 성격)
건강보험	사장님/ 직원	각 소득의 약 3.5% (2024년 기준 3.495%)씩, 총 약 7% + 장기요양보험료 (건강보험료의 12.95%)	질병이나 상해로 병원 진료 시 진료비 부담을 덜어주는 보험
고용보험	사장님/ 직원	직원: 소득의 0.9%, 사장님: 소득의 0.9% + 고용안정·직업능력개발사업 부담금 (0.25%~0.85%)	직원이 실직했을 때 실업급여 지급, 재취업 지원, 근로자 직업 능력 개발 지원
산재보험	사장님	100% 사장님 부담	직원이 업무 중 다치거나 질병에 걸리는 산업재해 발생 시 직원과 가족의 생활을 보장하는 보험 (업종별 위험도에 따라 보험료율 상이)

[사장님 필독! 4대보험 관련 중요 포인트] 사장님 혼자 일하실 때는 보통 지역가입자로 국민연금과 건강보험만 의무적으로 내시고, 고용보험은 선택 사항, 산재보험은 가입 대상이 아닙니다. 하지만 **직원을 단 1명이라도 채용하는 순간! 사장님도 이 4대보험의 '직장가입자'로 신분(?)이 바뀌게 됩니다.** 이때부터는 사장님 본인의 4대보험료도 직원과 마찬가지로 직장가입자 기준으로 다시 산정되고, 직원들의 4대보

험료까지 함께 관리하고 납부하셔야 합니다.

2. 직원 월급 줄 때 꼭! '원천세(갑근세)' 떼고 주셔야 합니다

사장님, 우리가 1년 동안 번 돈에 대해 다음 해 5월에 종합소득세를 내는 것처럼, 우리 직원들도 월급을 받을 때마다 이 종합소득세를 미리 떼입니다. 이렇게 **소득을 지급하는 사람(사장님)이 소득을 받는 사람(직원)의 세금을 미리 떼어서(원천징수) 국가에 대신 납부하는 세금**을 바로 원천세(또는 갑근세 - 근로소득세의 옛말)라고 부릅니다.

사장님께서는 직원이 4대보험 가입자인지, 아니면 (원칙적으로는 안 되지만) 3.3% 프리랜서 형태로 계약했는지에 따라 원천세 계산 방식과 납부 절차가 조금 달라집니다.

1) **4대보험 가입 근로자의 원천세** 국민연금, 건강보험, 고용보험, 산재보험에 모두 가입된 정식 근로자는 매달 월급에서 각 보험료와 함께 소득세(원천세)가 공제됩니다. 사장님께서는 매월 급여를 지급하실 때 이 원천세를 정확히 계산해서 공제하고, 다음 달 10일까지 국가에 신고하고 납부하셔야 합니다. "아니, 그럼 원천세는 얼마나 떼야 하는 건데?" 하고 머리 아프실 필요 없습니다. 나라에서 아주 친절하게도, 직원의 **월급여액과 부양가족 수에 따라 원천세를 얼마만큼 떼야 하는지 정리해 놓은 표**가 있습니다. 바로

'근로소득에 대한 간이세액표'라는 건데요, 인터넷에 검색하시면 바로 찾아보실 수 있습니다. 이 표를 기준으로 원천세를 계산하시면 됩니다. (표를 보시면 월급여액 구간별로, 그리고 공제대상 가족 수별로 소득세와 지방소득세가 얼마인지 쭉 나와 있습니다. 그 두 가지를 합한 금액이 바로 원천세입니다.)

2) **3.3% 프리랜서 근로자의 원천세 (사실상 '직원'인데 이렇게 하시면 위험합니다!)** 4대보험에 가입하지 않고, 편의상(?) 프리랜서 계약 형태로 일하는 분들은 보통 총 받는 돈에서 3.3%를 원천세로 떼입니다. 이 3.3% 안에는 소득세 3%와 지방소득세 0.3%가 포함되어 있습니다. **[사장님께 드리는 간곡한 말씀!]** 그런데 사장님, 이게 합법적인 '프리랜서' 계약인지, 아니면 그냥 4대보험료와 퇴직금 등을 아끼기 위한 '꼼수'인지는 정말 신중하게 따져 보셔야 합니다. 특히 음식점처럼 사장님의 지휘·감독을 받으면서 정해진 시간에 일하는 직원을 프리랜서로 신고하는 것은 나중에 근로기준법 위반으로 큰 문제가 될 수 있습니다. "다들 그렇게 하던데요?" 하는 안일한 생각은 정말 위험합니다!

3) **공통점 (사장님의 매달 숙제!)** 직원의 근로 형태가 4대보험 가입자든, 3.3% 프리랜서든 상관없이, **소득을 지급하는 사장님께서는 반드시 원천세를 징수해서 다음 달 10일까지 국가에 신고하고 납부하셔야 합니다.** 이건 사장님의 법적 의무입니다. 그리고 이렇게 꼬박꼬박 원천세를 신고하고 납부한 기록이 있어야만, 나중에 사

장님께서 종합소득세 신고하실 때 "나 우리 직원들 월급으로 이만큼 줬어요!" 하고 당당하게 인건비를 비용으로 인정받을 수 있습니다. 즉, 원천세 신고는 직원 세금 대납 의무이기도 하지만, 동시에 사장님의 절세를 위한 중요한 증빙 자료가 되는 셈입니다.

3. 일주일에 하루는 유급휴가! '주휴수당' 제대로 알고 계신가요?

사장님, '주휴수당'이라는 말 들어 보셨죠? 이게 또 우리 사장님들 골치 아프게 하는 단골손님 중 하나입니다. 주휴수당이란, **근로자가 1주일 동안 계약서에 명시된 소정근로일수를 모두 성실하게 근무했을 경우, 그 주에는 실제로 일하지 않는 하루(주휴일)에 대해서도 임금을 지급받는 제도**입니다. 근로기준법에 따라 보장된 근로자의 당연한 권리죠. "일주일 동안 수고했으니, 하루는 편히 쉬면서 돈도 받아 가렴!" 하고 나라에서 주는 일종의 보너스 같은 개념이라고 생각하시면 쉽습니다.

● **주휴수당, 누가 받을 수 있나요? (지급 조건)**
  1) **근로시간 요건**: 1주일에 최소 15시간 이상 근무해야 합니다. (이때, 밥 먹는 시간 같은 휴게시간은 근로시간에서 제외됩니다.)
  2) **개근 요건**: 근로계약서에 정해진 그 주의 소정근로일을 하루도 빠짐없이 모두 출근해야 합니다. 지각이나 조퇴는 괜찮지만, 결근을 했다면 그 주의 주휴수당은 지급되지 않습니다. (단, 연차휴가를

사용한 날은 출근한 것으로 인정됩니다.)

- **주휴수당, 얼마나 줘야 하나요? (계산 공식)** 주휴수당은 근로시간에 따라 다음과 같이 계산됩니다.

    1) **1주일 근로시간이 15시간 이상 40시간 미만인 경우**: ((1주일 총 근로시간 / 40시간) × 8시간) × 시급 = 그 주의 주휴수당

    2) **1주일 근로시간이 40시간 이상인 경우**: 8시간 × 시급 = 그 주의 주휴수당 예를 들어, 시급 1만 원을 받는 직원이 주 5일, 하루 8시간씩 총 40시간을 꽉 채워 일했다면, 그 주의 주휴수당은 8시간 × 1만 원 = 8만 원이 됩니다. 만약 이 직원이 주 3일, 하루 5시간씩 총 15시간을 일했다면, ((15시간 / 40시간) × 8시간) × 1만 원 = 3만 원의 주휴수당을 받게 되는 거죠.

4. 사장님, 이것만은 꼭 기억하세요! (오늘 배운 내용 핵심 요약)

오늘 정말 복잡하고 어려운 이야기 많이 드렸습니다. 머릿속이 하얘지신 사장님도 계실 것 같은데요. 마지막으로 오늘 배운 내용 핵심만 다시 한번 정리해 드릴게요!

1) **4대보험(국민연금, 건강보험, 고용보험, 산재보험)은 직원을 1명이라도 고용했다면 모든 근로자에 대해 의무적으로 가입하고 신고해야 하는 보험입니다.** (사장님 부담분, 직원 부담분 각각 있다

는 것 잊지 마세요!)

2) **사장님 혼자 일하실 때는 4대보험 중 국민연금과 건강보험이 지역가입자로 의무 적용되지만, 직원을 1명 이상 채용하는 순간부터 사장님도 직장가입자로 전환되어 보험료가 달라질 수 있습니다.**
3) **사장님께서 매년 5월에 내시는 종합소득세처럼, 직원들은 매달 월급에서 '원천세(갑근세)'라는 이름으로 소득세를 미리 냅니다. 그리고 그 세금을 떼서 나라에 내는 건 사장님의 의무입니다.**
4) **이 원천세는 매월 10일까지 신고하고 납부해야 하며, 이 기록은 나중에 사장님 종합소득세 신고 시 '인건비' 항목으로 비용 처리되어 사장님의 세금을 줄여주는 중요한 역할을 합니다.**
5) **원천세 계산은 4대보험 가입자의 경우 직원의 급여와 부양가족 수를 기준으로 '근로소득 간이세액표'에 따라 계산되고, (원칙적으로는 안 되지만) 프리랜서의 경우 급여의 3.3%로 계산됩니다.**
6) **근로 형태와 관계없이, 1주 15시간 이상 근무하고 개근한 직원에게는 반드시 '주휴수당'을 포함한 급여를 지급해야 합니다.**

사장님, 오늘 말씀드린 4대보험, 원천세, 주휴수당은 직원을 고용하시는 동안에는 평생 안고 가야 할 숙제 같은 존재들입니다. "에이, 귀찮아 죽겠네.", "다른 가게 사장님들도 다 이렇게 안 하던데 뭘." 하고 안일하게 생각하셨다가는, 정말 생각지도 못한 순간에 벌금 폭탄을 맞거나 더 큰 법적인 문제에 휘말릴 수 있습니다.

제가 실패를 팔아 얻은 쓰디쓴 경험에 비춰볼 때, 이렇게 사업 운영에 필요한 기본적인 것부터 제대로 알고 시작하시는 것이 결국에는 시간과 돈을 아끼고, 더 나아가 사장님의 소중한 사업체를 지키는 가장 확실한 길이라고 감히 말씀드립니다.

제13장

사장님, 월급 300 직원 뽑으면 진짜 300만 원만 나갈까요?
(첫 직원 채용 시 숨겨진 비용의 함정)

통계청에서 발표한 자료를 보면, 2023년 8월 기준으로 우리나라 자영업자 537만 명 중에서 무려 437만 명이 직원을 두지 않은 '1인 자영업자'라고 합니다. 이 말씀은 즉, 지금 이 순간에도 생애 처음으로 직원을 채용할 준비를 하고 계시거나, 혹은 막연하게 고민하고 계신 사장님들이 아주 많다는 뜻이겠죠. 그래서 오늘 이 글은 바로 그런, **사업하시면서 처음으로 소중한 직원을 맞이하게 될 사장님들을 위해**, 그 과정이 결코 만만치 않다는 현실과, 특히 '돈' 문제가 얼마나 생각보다 복잡하게 얽혀 있는지 제 경험을 바탕으로 솔직하게 풀어 보려고 합니다.

1. 직원 채용, '근로계약서'와 '4대보험 신고'는 기본 중의 기본!

직원을 채용함에 있어서 **근로계약서 작성은 선택이 아닌 필수**입니다. 이건 아무리 강조해도 지나치지 않습니다. 그러니 면접을 보시고 직원이 첫 출근하는 날에는, 면접 때 서로 이야기 나누었던 근무 조건(급여,

근무시간, 휴게시간, 담당 업무 등)을 바탕으로 근로계약서 2장을 미리 준비하셔서, 사장님 한 부, 직원 한 부씩 나눠 가지셔야 합니다. 요즘에는 알바몬이나 잡코리아 같은 구인구직 플랫폼에서 간편하게 전자 근로계약서로도 진행할 수 있다고 하니 참고하시면 좋겠습니다.

그리고 또 하나의 큰 산이 바로 '4대보험 신고'입니다. 만약 사장님 가게의 첫 직원이라면, 단순히 직원 정보만 신고하는 것이 아니라, 먼저 **'우리 가게가 이제 4대보험에 가입하는 사업장이 되었습니다!'** 하고 '사업장 성립 신고'부터 하셔야 합니다. 이런 기본적인 절차를 모르고 넘어가시면 나중에 과태료 폭탄을 맞을 수도 있으니 꼭 기억해 주세요.

2. 4대보험, 너 대체 정체가 뭐냐? (개념부터 차근차근)

(사장님, 여기서 잠깐! 엄밀히 말하면 사장님 본인은 4대보험 중 국민연금과 건강보험, 이렇게 2대 보험만 해당되지만, 직원 채용과 관련된 이야기에서는 보통 4대보험 전체를 통칭해서 말하는 경우가 많으니, 이 글에서도 독자 사장님들의 이해를 돕기 위해 편의상 '4대보험'이라는 용어를 사용하겠습니다.)

4대보험, 이거 우리 사장님들이 정말 꽤나 어려워하시는 부분입니다. 그래서 오늘 신고하는 '방법'보다는, 이게 도대체 '뭔지' 그 개념부터 쉽고 간단하게 설명해 드리겠습니다. 4대보험에는 국민연금, 건강보험, 고용보험, 산재보험, 이렇게 네 가지가 있습니다.

많은 사장님들이 오해하시는 것 중 하나가, 이 4대보험을 운영하는 기관이 모두 한 곳이라고 생각하시는 겁니다. "그냥 '4대보험공단' 아니야?" 하시는데, **아닙니다!** 국민연금은 국민연금공단, 건강보험은 국민건강보험공단, 고용보험과 산재보험은 근로복지공단… 이렇게 이 4개의 보험은 각각 독립적으로 움직이는 개별 기관입니다. 예전에는 그래서 4대보험 신고를 하려면 이 네 군데 기관에 각각 따로따로 신고서를 내야 했습니다. 생각만 해도 번거롭죠?

그래서 이런 불편함을 덜어 주기 위해 만들어진 곳이 바로 "4대 사회보험 정보연계센터"라는 기관입니다. 사장님께서 이곳에 한 번만 서류를 신청하면, 이 연계센터에서 사장님의 서류를 다시 네 개로 깔끔하게 나누어 각 보험 기관에 착착 보내 주는 역할을 합니다. 마치 여러 맛집 음식을 한 번에 주문받아 배달해 주는 '통합 배달앱' 같다고나 할까요? 이런 기본적인 시스템을 먼저 이해해 주시면 앞으로 4대보험 관련 업무를 보실 때 조금이나마 도움이 되실 겁니다.

3. 나는 '지역가입자'? 아니면 '직장가입자'? (사장님의 4대보험 신분 변화)

4대보험은 크게 '지역가입자'와 **'직장가입자'** 두 가지 유형으로 나뉩니다.

- **지역가입자**: 어느 회사(사업장)에도 소속되어 있지 않은 사람에게 부과되는 4대보험입니다. 프리랜서, 혹은 직원이 없는 1인 자영업자 사장님들이 여기에 해당되죠. 지역가입자의 보험료는 사장님의 소득뿐만 아니라 **재산(부동산, 자동차 등)까지 모두 따져서 부과**됩니다. 그래서 재산이 많을수록 보험료도 많이 나올 수밖에 없는 구조입니다.
- **직장가입자**: 회사(사업장)에 소속된 근로자에게 부과되는 4대보험입니다. 직장가입자의 가장 큰 특징은 보험료가 오로지 **'월급여(소득월액)'만을 기준으로 책정**된다는 점입니다. 아무리 재산이 많아도, 월급이 적으면 보험료도 적게 나오는 거죠. 그래서 재산이 많으신 분들이 일부러 회사에 소속되어 직장가입자로 4대보험을 내는 경우가 종종 있는 겁니다.

여기서 우리 1인 자영업자 사장님들께 아주 중요한 부분이 있습니다! 사장님께서 혼자 가게를 운영하고 계실 때는, 사장님의 4대보험(정확히는 국민연금과 건강보험)이 '지역가입자'로 되어 있습니다. 많은 사장님들이 이런 부분을 제대로 인지하지 못하고 장사를 하시다가, 다음 해 5월에 종합소득세 신고를 하고 나면 그 소득 자료가 공단으로 넘어가면서 지역가입자 보험료가 엄청나게 높아지는 경우가 정말 많습니다. "아니, 작년엔 분명 얼마 안 냈는데, 갑자기 왜 이렇게 많이 나온 거야!" 하고 뒷목 잡으시는 거죠.

그래서 제가 드리는 꿀팁! 만약 한 해 장사가 잘 돼서 소득이 꽤 높게 잡히셨다면, 그 다음 해에는 **알바생을 단 1명이라도 4대보험에 가입시켜서 사장님 본인을 무조건 '직장가입자'로 전환하시는 것을 강력하게 추천**합니다. 이렇게 하면 사장님의 재산과는 상관없이, 오로지 (직원 중 가장 높은) 월급여 기준으로만 보험료가 책정되기 때문에, 경우에 따라서는 지역가입자일 때보다 훨씬 적은 보험료를 내실 수도 있습니다. (물론 직원 인건비와 직원 몫의 4대보험료 사업주 부담분은 추가로 발생하겠지만요.)

4. 우리 가게도 이제 '4대보험 사업장'! (신고 절차 간단 정리)

사장님께서 사업자등록증을 냈다고 해서 우리 가게가 자동으로 4대보험 사업장으로 등록되는 것은 절대 아닙니다. **사장님께서 직접 신고하셔야 합니다.** 그 신고 절차는 위에서 말씀드린 "4대 사회보험 정보연계센터" 홈페이지를 통해 진행하시면 되는데요, 크게 두 단계로 이루어집니다.

1) **사업장 성립 신고**: "우리 가게가 이제 4대보험에 가입하는 사업장이 되었습니다!" 하고 공단에 알리는 절차입니다.
2) **4대보험 직원 자격취득 신고**: "우리 가게에 이런 조건으로 일하는 직원이 새로 들어왔으니, 이 직원에 대한 4대보험을 가입해주세

요!" 하고 신고하는 절차입니다.

5. 사장님 월급은 얼마로 책정되나요? (가장 높은 직원 월급 따라갑니다!)

자, 드디어 우리 가게가 4대보험 직장가입 사업장이 되었고, 사장님도 직장가입자로 전환되었습니다. 그럼 이때 사장님 본인의 4대보험료는 얼마를 기준으로 계산될까요? 이거 정말 중요한 부분이니 귀 쫑긋 세우고 들으셔야 합니다!

사장님 본인의 4대보험료를 계산하는 기준이 되는 월급여(소득월액)는, 사장님 가게에서 4대보험을 가입하는 직원 중에서 가장 높은 월급을 받는 직원의 월급여액과 동일하게 책정됩니다. (단, 직원의 월급여보다 낮게 신고할 수는 없습니다.) 예를 들어, 사장님께서 월급 300만 원을 주기로 한 직원을 고용하셨다면, 사장님 본인의 4대보험료를 계산할 때도 사장님 월급이 300만 원인 것처럼 간주하고 계산한다는 뜻입니다.

6. 월급 300만 원 직원, 진짜 비용은 얼마일까요? (충격적인 최종 비용 공개!)

자, 이제부터 정신 바짝 차리셔야 합니다. 오늘 이야기의 하이라이트입니다! 많은 사장님들이 혼자 가게를 운영하시다가 처음으로 직원을 고용하게 될 때, "월급 300만 원 주기로 했으니, 내 주머니에서 딱 300만 원만 나가면 되겠지?" 하고 단순하게 생각하기 쉽습니다.

사장님, **천만의 말씀, 만만의 콩떡입니다!** 사장님께서 월급 300만 원짜리 직원을 처음으로 단 한 명 뽑게 되면, 사장님 통장에서 실제로 매달 빠져나가는 총비용은 다음과 같습니다. (2024년 보험요율 기준, 대략적인 금액이며 실제와는 약간의 차이가 있을 수 있습니다.)

월급 300만 원에 대한,

1) **근로자 본인 부담 4대보험 금액 (월급에서 공제되는 돈)**: 약 282,123원
   ○ 국민연금 (4.5%): 135,000원
   ○ 건강보험 (3.495%): 104,850원
   ○ 장기요양보험 (건강보험료의 12.95%): 13,578원 (104,850원 × 12.95%)
   ○ 고용보험 (0.9%): 27,000원
   ○ 산재보험: 없음 (근로자 부담 없음)

2) **사장님이 부담해야 할 직원 몫의 4대보험 금액 (월급 외 추가 지출)**: 약 289,623원
   ○ 국민연금 (4.5%): 135,000원
   ○ 건강보험 (3.495%): 104,850원
   ○ 장기요양보험 (건강보험료의 12.95%): 13,578원

○ 고용보험 (0.9% + α): 약 34,500원 (실업급여분 0.9%인 27,000원 + 고용안정·직업능력개발사업분 약 0.25%~0.85% 추가, 업종 및 규모에 따라 다름, 여기서는 최소치인 0.25%만 가정해도 7,500원 추가)

○ 산재보험 (업종별 상이, 평균 약 1% 가정): 약 30,000원 (300만 원 × 1%)

○ **사장님 본인의 2대 보험 금액 (사장님 월급도 300만 원 기준으로 계산)**: 약 241,350원

○ 국민연금 (4.5%): 135,000원

○ 건강보험 (3.495%): 104,850원

○ 장기요양보험 (건강보험료의 12.95%): 13,578원

3) **결과적으로 사장님이 4대보험과 관련해서 매달 지출하는 총비용**: 약 813,096원 (①번 항목 중 사장님이 대신 내주는 돈 + ②번 항목 전체 + ③번 항목 전체. 사용자 제공 수치인 1번+2번+3번 총합을 따름)

4) **직원에게 실제로 지급하는 급여 (세후 월급)**: 2,717,877원 (월급 300만 원 - ①번 근로자 본인 부담 4대보험 금액 282,123원)

5) **그래서, 사장님께서 월급 300만 원짜리 직원 1명을 처음 뽑으면, 사업장에서 매달 추가로 발생하는 총비용은? 약 3,530,973원** (④번 사장님의 총 보험료 지출 813,096원 + ⑤번 직원 실제 지급 급여 2,717,877원) (또는 이렇게 계산할 수도 있습니다: 직원 명목 월

급 300만 원 + ②번 사장님 부담 직원 4대보험료 약 289,623원 + ③번 사장님 본인 2대 보험료 약 241,350원 = 약 3,530,973원)

여기에 매년 발생하는 퇴직금(월급의 약 1/12)까지 고려하신다면, 월 300만 원 직원을 고용하는 데 드는 실제 비용은 **대략 월 380만 원에 육박**할 수도 있습니다. (300만 원 / 12개월 ≒ 월 25만 원 추가)

어떠신가요, 사장님? 월급 300만 원 준다고 해서 딱 300만 원만 나가는 게 아니라는 사실, 이제 확실히 아시겠죠? **절대 쉽게 생각하고 직원을 뽑으시면 안 됩니다.** 오늘 제가 말씀드린 이런 부분을 먼저 꼼꼼하게 숙지하시고, 우리 가게의 재정 상황과 정말 직원이 필요한 시점인지를 신중하게 고민하신 후에 채용을 결정하시는 것을 강력하게 추천합니다.

직원 채용, '계산기'부터 두드려 보고 결정하세요

사장님, 직원 한 명은 단순한 일손 그 이상입니다. 사장님 사업의 성장을 함께 이끌어 갈 소중한 파트너이자, 동시에 사장님께 적지 않은 경제적 책임과 법적 의무를 동반하는 아주 중요한 '투자'입니다.

이 투자가 성공적인 결실을 보기 위해서는, 감으로 어림짐작해서 결정하지 마시고, 반드시 오늘 저와 함께 살펴본 것처럼 계산기부터 꼼꼼하게 두드려 보시기를 바랍니다. 그것이 바로 불필요한 실패를 줄이고, 사장님의 소중한 사업을 더욱 단단하게 만들어 나가는 가장 확실한 첫걸음이라고, 제 모든 실패 경험을 걸고 감히 말씀드립니다.

제14장
사장님, '알바생 3.3% 신고' 아직도 하고 계신가요?
(프리랜서 고용이 불법인 이유와 그 후폭풍)

사장님, 직원 인건비 부담되시죠? 월급에 4대보험료, 주휴수당, 퇴직금까지 생각하면 정말 만만치 않습니다. 그래서 혹시 이런 생각 한 번쯤 해 보신 적 없으신가요? "에라, 모르겠다! 그냥 알바생이나 직원이나 전부 3.3% 프리랜서로 계약하면 4대보험료도 아끼고, 퇴직금도 안 줘도 되고, 직원도 당장 받아 가는 월급 많아지니 서로 좋은 거 아니야?"

솔직히 고백하자면, 저도 예전엔 그런 달콤한 유혹을 느낀 적이 있었습니다. 당장 눈앞의 비용을 줄일 수 있다는 생각에 마음이 흔들렸던 거죠.

하지만 사장님, 그 '달콤한 유혹' 뒤에는 아주 무섭고도 치명적인 **'법적 책임'이라는 가시**가 숨어 있습니다. 오늘은 왜 우리 음식점에서 직원을 프리랜서로 고용하는 것이 위험천만한 줄타기인지, 그리고 그 선택이 왜 결국 사장님 발목을 단단히 잡게 되는지, 법적인 내용부터 현실적인 문제까지 속 시원하게 파헤쳐 보겠습니다. 부디 이 글이 사장님의 현명한 판단에 작은 등불이 되기를 바랍니다.

1. 프리랜서 vs. 근로자, 법은 어떻게 다를까요? (헷갈리는 용어 정리부터!)

"아니, 프리랜서가 뭐고 근로자가 뭔데 그렇게 복잡하게 굴어?" 하실 수도 있습니다. 하지만 이 둘은 법적으로 하늘과 땅 차이입니다. 한번 쉽게 풀어 볼게요.

- **프리랜서 (도급 계약, 민법 제664조)**: 쉽게 말해, "사장님, 이 벽에 다음 주까지 멋진 벽화 하나 그려주시면 제가 100만 원 드릴게요!" 하는 게 프리랜서 계약입니다. 프리랜서는 특정 '일의 완성'을 약속하고, 그 '결과물'에 대해 보수를 받습니다. 그림을 그리는 과정에서 사장님이 "붓은 이걸 쓰세요!", "오늘은 빨간색 먼저 칠하세요!" 하고 일일이 간섭하지 않습니다. 오로지 약속한 날짜까지 멋진 벽화를 완성해서 넘겨 주면 되는 거죠.
- **근로자 (근로 계약, 민법 제665조 및 근로기준법)**: 반면에, "김철수 씨, 매일 아침 9시부터 저녁 6시까지 우리 가게 주방에서 일해주시면 한 달에 300만 원 드릴게요!" 하는 게 근로 계약입니다. 근로자는 사장님(사용자)에게 자신의 '노동력'을 제공하고, 그 대가로 임금을 받습니다. 중요한 것은 근로자는 사장님의 **지휘와 감독** 아래서 일한다는 점입니다. 그리고 근로기준법이라는 아주 강력한 법의 보호를 받습니다.

(1) 프리랜서와 근로자, 뭐가 다를까요? 핵심 차이점!]

1) **업무 지휘·감독권 (누가 갑인가?)**
   ○ **프리랜서**: 업무 수행 방식, 시간 배분 등 모든 권한과 재량을 자기가 갖습니다. 결과만 책임지면 됩니다.
   ○ **근로자**: 사장님의 구체적인 지시와 감독을 받으며 일합니다. "오늘은 저기 창문 닦고, 내일은 주방 청소해!" 같은 지시를 받는다면 그건 근로자입니다.

2) **근로기준법의 우산 (법의 보호를 받는가?)**
   ○ **프리랜서**: 근로기준법의 보호를 받지 못합니다. 그래서 유급휴가, 퇴직금, 부당해고 구제 같은 건 없습니다.
   ○ **근로자**: 근로기준법에 따른 각종 권리(최저임금, 주휴수당, 연차유급휴가, 퇴직금 등)를 보장받습니다.

3) **'코에 걸면 코걸이, 귀에 걸면 귀걸이?' 핵심은 사용종속관계!** 사장님, 계약서 제목에 '프리랜서 계약서'라고 아무리 크게 써 놓고 도장을 백 번 찍었다고 해도, 그게 다가 아닙니다. 법에서는 계약서의 이름이나 형식보다 **실제로 일하는 방식, 즉 '사용종속관계'가 있었느냐**를 훨씬 더 중요하게 봅니다. 사용종속관계란, 쉽게 말해 직원이 사장님께 경제적으로나 조직적으로 종속되어 사장님의 지휘·감독을 받으며 일하는 관계를 말합니다.

4) **이런 경우라면 '빼박' 근로자입니다!**
   ○ 사장님이 직원의 출퇴근 시간을 정해 주고 관리한다.

○ 사장님이 구체적인 업무 내용을 정해 주고, 일하는 방식까지 지시하거나 간섭한다.
○ 직원이 사장님의 지시를 거부하기 어렵고, 다른 사람을 시켜 대신 일하게 할 수 없다.
○ 가게 유니폼을 입어야 하고, 가게의 취업규칙이나 복무규율을 따라야 한다.
○ 월급이 시간이나 일한 날짜에 따라 고정적으로 지급된다.
5) (반대로, 기본급이나 고정급 없이 성과에 따라서만 보수를 받고, 사업소득세를 원천징수하며(3.3%), 4대보험에 가입되어 있지 않으면 프리랜서로 볼 여지가 높아지지만, 이건 어디까지나 부차적인 판단 기준일 뿐, 종합적인 상황을 보고 판단해야 합니다.)

2. 달콤한 유혹, '3.3% 프리랜서'의 함정

그럼에도 불구하고 왜 많은 음식점 사장님들이 직원을 '프리랜서'로 고용하려고 할까요? 가장 큰 이유는 역시 **'비용 절감'** 때문입니다. 직원에게 4대보험을 가입시켜 주면 사장님 부담분이 만만치 않고, 퇴직금도 챙겨 줘야 하죠. 하지만 프리랜서로 계약하면 이런 부담이 확 줄어듭니다. 직원은 사업소득세 3.3%만 떼면 되니, 사장님도 좋고 직원도 당장 손에 쥐는 월급이 많아지니 "좋은 게 좋은 거지" 하고 서로 암묵적으로 동의하는 경우가 많습니다. 특히 직원 쪽에서 먼저 "사장님, 저 그냥 3.3%로 해 주시면 안 돼요? 세금 덜 떼고 월급 더 받고 싶어요" 하고 요구하는 경우도 비일비재합니다.

3. '이름만 프리랜서'로 고용했을 때, 사장님께 닥칠 후폭풍

하지만 사장님, 그 달콤함은 아주 잠깐입니다. 그렇게 '이름만 프리랜서'인 직원과 함께 일하다가 나중에 어떤 후폭풍을 맞게 될 수 있는지, 제가 똑똑히 알려 드리겠습니다.

1) **직원은 '권리'를 잃고, 사장님은 '신뢰'와 '돈'을 잃습니다.** 프리랜서로 계약된 직원은 당장은 세후 월급이 많아 보일지 몰라도, 정작 아파서 쉬거나, 갑자기 해고되거나, 가게가 망해서 실직했을 때 아무런 법적 보호를 받지 못합니다. 실업급여? 당연히 못 받습니다. 퇴직금? 꿈도 못 꿉니다. 이런 사실을 직원이 나중에 알게 되면, 사장님에 대한 배신감과 함께 법적인 문제로 이어질 가능성이 매우 높습니다.

2) **퇴사 후 날아오는 '세금 폭탄'과 '과태료', 그리고 '밀린 임금' 청구서!** 이게 정말 무서운 겁니다. 그 '이름만 프리랜서'였던 직원이 퇴사하고 나서 "사장님, 저 사실 거기서 사장님 지시받고 직원처럼 일했어요! 근로기준법상 근로자였습니다!" 하고 고용노동부에 진정을 넣거나 소송을 제기하면 어떻게 될까요? 만약 그 직원이 근

로자로 인정받게 되면, 사장님은 그동안 안 냈던 **4대보험료(그것도 직원 부담분 + 사장님 부담분 전체!)에 가산금까지 붙여서 한꺼번에 토해내야 합니다.** 뿐만 아니라, 밀린 **퇴직금**도 지급해야 하고, 제대로 안 줬다면 **주휴수당, 연차수당, 연장근로수당** 등 각종 수당까지 소급해서 지급해야 할 수도 있습니다. 여기에 **과태료**는 덤이고요. 정말 가게 문 닫을 각오하셔야 할지도 모릅니다.

3) **'얌체 직원'의 악용 사례 (사장님만 봉 되는 수가 있습니다!)** 더 속 터지는 건, 이런 상황을 악용하는 '얌체 같은' 직원들도 점점 늘어나고 있다는 겁니다. 일할 때는 본인이 먼저 "사장님, 저 3.3%로 해 주세요. 그게 저한테 더 이득이에요." 하고 자발적으로 프리랜서 계약을 요구해서 세금 부담 줄이고 월급 더 받아 가다가, 정작 퇴사하고 나서는 "나 사실 근로자였음! 못 받은 4대보험 혜택이랑 퇴직금 다 내놔!" 하고 뒤통수를 치는 경우가 발생하고 있습니다. 이 경우, 사장님은 일단 근로자 부담분 4대보험료까지 먼저 다 납부하고, 나중에 그 직원에게 민사소송을 걸어서 돌려받아야 하는 아주 복잡하고도 억울한 상황에 처하게 됩니다.

사장님, 단기적으로 인건비 몇 푼 아껴 보려다가 나중에 수백, 수천만 원의 돈 폭탄을 맞고 법적 분쟁에 휘말리는 것, 과연 그게 남는 장사일까요?

4. 국세청의 레이더망, 더 이상 피할 수 없습니다 (RTI 실시간 소득 파악)

"에이, 설마 걸리겠어? 다들 그렇게 하는데 뭘." 사장님, 이제 그런 안일한 생각은 통하지 않는 시대가 되었습니다. 예전에는 직원이 직접 고용노동부에 신고하지 않는 이상, 국세청에서도 음식점에서 누가 어떻게 일하는지 일일이 파악하기 어려웠습니다.

하지만 2021년 7월부터 '실시간 소득파악 제도(RTI, Real Time Information)'라는 것이 본격적으로 시행되면서 상황이 완전히 달라졌습니다. 이게 뭐냐면, 사장님께서 매달 10일까지 인건비 신고(원천세 신고)를 하시죠? 그때 제출하는 직원들의 소득 자료를 국세청에서 실시간으로 다 들여다보고 있다는 뜻입니다.

국세청 홈페이지(www.nts.go.kr) 공지사항에도 떡하니 나와 있습니다. (검색창에 '실시간 소득파악 제도'라고 쳐 보세요.) 이제 국세청은 사장님 가게에서 일하는 직원들의 소득 정보를 매달 손금 보듯이 파악하고, "어? 이 음식점 사장님, 직원들 왜 전부 3.3% 프리랜서로 신고했지? 이거 좀 수상한데?" 하고 판단되면 바로 **"사장님, 이 직원 분들이 왜 프리랜서인지 소명자료 좀 보내 주시겠어요?"** 하고 연락을 하기 시작했습니다. 더 이상 숨을 곳이 없다는 이야기입니다.

5. 사장님, 이제는 정면돌파하셔야 합니다

자, 오늘 드린 말씀을 다시 한번 간단히 정리해 볼까요?

1) 프리랜서의 법적 정의는 '결과'에 대해 책임을 지고, 사장님의 '관리·감독'을 받지 않는 사람입니다. (사장님 가게에서 시키는 대로 일하는 사람은 프리랜서가 아닙니다!)
2) 음식점에서 일하는 직원은 대부분 사장님의 관리·감독을 받으며 일하는 '근로자'입니다.
3) 근로계약 당시에 아무리 쌍방 합의하에 프리랜서 계약을 체결했다고 해도, 나중에 직원이 문제를 제기해서 실제 근로관계가 근로자였다고 인정되면 그 프리랜서 계약은 휴지조각(무효)이 됩니다.
4) 그렇게 되면 사장님은 그동안 납부하지 않았던 직원 부담분 4대보험료, 사장님 부담분 4대보험료, 그리고 퇴직금까지 모두 소급해서 지급해야 할 의무가 생깁니다. (각종 수당과 과태료는 별도!)
5) 국세청에서는 2021년부터 '실시간 소득파악 기술'을 통해 음식점에서 3.3%로 신고된 직원에 대해 적극적으로 소명 요청을 하기 시작했습니다. (더 이상 '들키지만 않으면 괜찮다'는 안 통합니다.)

사장님, 음식점에서 프리랜서 형태로 직원을 고용하는 것은 당장은 인건비 몇 푼 아끼는 것처럼 보일지 몰라도, 결국에는 사장님 사업에 훨씬 더 큰 법적 분쟁과 재정적 위험을 안겨 주는 시한폭탄과 같습니다.

그렇다면 어떻게 해야 할까요? 답은 간단합니다. **잠재적인 리스크를 평생 안고 가슴 졸이며 사업하시겠습니까? 아니면 처음부터 모든 근로자에 대해 정식으로 근로계약서를 작성하고 4대보험을 적용하여 마음 편하게 사업하시겠습니까?** 제 쓰라린 실패 경험에 비추어 볼 때, 가장 안전하고 확실한 길이 결국 가장 빠르고 돈 버는 길입니다.

제15장

사장님, 우리 가게 직원 수, '5명' 넘으셨어요?
(5인 이상 vs. 5인 미만 사업장, 하늘과 땅 차이 노동법!)

사장님, 사업장을 운영하시면서 혹시 이런 생각해 보신 적 없으신가요? "우리 가게는 직원이 몇 명 안 되는데, 저 복잡한 근로기준법 조항들, 이것도 다 지켜야 하나?", "옆집 김 사장네는 직원 3명인데 연차휴가 안 준다던데, 우리도 괜찮은 거 아닌가?"

많은 사장님들이 가게 규모에 따라 근로기준법 적용 범위가 달라진다는 사실을 어렴풋이는 알고 계시지만, 정확히 무엇이 어떻게 다른지는 잘 모르시는 경우가 많습니다. 하지만 사장님, '법은 잠자는 자를 보호하지 않는다'는 말처럼, 모르고 넘어갔다가는 나중에 정말 생각지도 못한 문제로 큰코다칠 수 있습니다. 특히 우리 가게 직원이 **4명일 때와 5명일 때는, 사장님께서 지켜야 할 법적 의무가 그야말로 하늘과 땅 차이로 달라집니다.**

그래서 오늘은 우리 가게 직원 수, 그중에서도 '5명'이라는 마법의 숫자를 기준으로 확 달라지는 근로기준법의 주요 내용들을 속 시원하게 비교해 드리고, 특히 소규모 사업장을 운영하시는 사장님들이 꼭 알아

두셔야 할 법적 사항들을 콕콕 짚어 드리겠습니다.

1. '5명'이라는 숫자, 왜 이렇게 중요할까요? (근로기준법 적용의 마법의 숫자)

근로기준법은 기본적으로 일하는 모든 근로자를 보호하기 위해 만들어진 법입니다. 하지만 동시에, 아주 영세한 규모의 사업장까지 대기업과 똑같은 잣대를 들이대면 사업 운영 자체가 불가능해질 수도 있겠죠. 그래서 우리 법은 상시 근로자 수가 5명 미만인 사업장에 대해서는 근로기준법의 일부 조항 적용을 제외하거나 완화해 주고 있습니다. 말하자면, "사장님, 아직 사업 규모가 작으시니 이 정도는 조금 봐드릴게요. 대신 사업이 더 커지면 그때는 다 지키서야 합니다!" 하는 일종의 '배려'라고나 할까요? 하지만 이 '배려'에 해당하지 않는, 즉 **5인 미만 사업장이라도 반드시 지켜야 하는 조항들도 있다는 점을 절대 잊으시면 안 됩니다.**

2. 하늘과 땅 차이! 5인 이상 vs. 5인 미만 사업장, 뭐가 다를까요?

자, 그럼 지금부터 직원 수 5명을 기준으로 우리 사장님들의 운명이 어떻게 달라지는지, 주요 항목별로 비교해 보겠습니다.

(1) 일하는 시간과 추가 근무수당 (이게 제일 크죠!)

- **직원 5명 이상 사업장: "주 40시간 칼퇴근! 넘으면 수당은 기본 중의 기본!"**
  - ○ 법정 근로시간은 1주일에 40시간, 하루 8시간을 넘을 수 없습니다.
  - ○ 만약 직원이 이 시간을 넘겨서 연장근로를 하거나, 밤 10시 이후에 야간근로를 하거나, 빨간 날(휴일)에 나와서 휴일근로를 했다면? **무조건 평소 임금의 1.5배(50% 가산)에 해당하는 추가 수당**을 지급해야 합니다. 이거 안 지키시면 임금체불로 큰일 납니다!

- **직원 5명 미만 사업장: "사장님과 협의해서 유연하게~ (하지만 악용은 절대 금물!)"**
  - ○ 주 40시간이라는 법정 근로시간 제한이 원칙적으로 적용되지 않습니다.
  - ○ 따라서 연장·야간·휴일근로에 대한 **가산수당 지급 의무도 없습니다.** (물론, 근로계약서에 "우리 가게는 5인 미만이지만 연장근로하면 시급 1.5배 줄게요!" 하고 약속하셨다면 그건 지키셔야 합니다.)
  - ○ **[사장님께 드리는 진심 어린 조언!]** 법적 의무가 없다고 해서 직원들을 밤낮없이, 휴일도 없이 부려먹어도 된다는 뜻은 절대 아닙니다, 사장님! 그건 인간적으로도 도리가 아닐뿐더러, 장기적으로 보면 직원들의 사기를 떨어뜨리고 결국엔 사장님 사업에도 좋지 않은 영향을 미칩니다. 유연하게 운영하시되, 합리적인 수준에서

근무시간을 정하고, 혹시라도 추가 근무를 시키셨다면 그에 상응하는 보상을 해주시는 것이 '프로 사장님'의 자세입니다.

(2) 쉬는 날도 달라요! (휴가와 휴일 제도)
- **직원 5명 이상 사업장: "연차 쓰고, 공휴일 쉬고, 여성 직원은 생리휴가까지! (물론 다 유급!)"**
  - **연차유급휴가**: 1년 동안 80% 이상 출근한 직원에게는 최소 15일의 유급휴가를 의무적으로 줘야 합니다. (1년 미만 근무자나 1년간 80% 미만 출근자에게도 1개월 개근 시 1일의 유급휴가를 줘야 하고요.)
  - **공휴일 유급휴일**: 우리가 흔히 아는 '빨간 날'(관공서 공휴일)과 대체공휴일도 유급휴일로 보장해야 합니다. 즉, 그날 일 안 해도 월급은 그대로 줘야 하고, 만약 그날 직원이 나와서 일했다면 휴일근로수당(1.5배 또는 2배)을 줘야 합니다.
  - **생리휴가**: 여성 근로자가 청구하면 월 1일의 무급 생리휴가를 의무적으로 부여해야 합니다.
- **직원 5명 미만 사업장: "사장님 재량껏… (하지만 잘 챙겨주면 직원 만족도 UP!)"**
  - 안타깝게도, **연차유급휴가와 공휴일 유급휴일 보장 의무가 없습니다.** 생리휴가 역시 법적 부여 의무는 없습니다.
  - **[또 한 번의 진심 어린 조언!]** 법적 의무는 없지만, 요즘처럼 사람

구하기 힘든 시대에 직원들의 사기 진작과 충성도 확보를 위해서는 적절한 휴식과 보상을 챙겨 주시는 것이 정말 중요합니다. "우리 사장님 최고!" 소리 듣는 가게가 결국엔 더 크게 성공하시더라고요.

(3) 직원 함부로 내보내면 큰일 나요! (근로자 보호 장치)

- **직원 5명 이상 사업장: "해고는 아주 신중하게, 반드시 서면으로! 억울하면 노동위원회로!"**
  - **해고 제한 규정**: 직원을 해고하려면 '정당한 이유'가 있어야 하며, 그 이유와 해고 시기를 반드시 '서면'으로 통지해야 합니다. 말로 "너 내일부터 나오지 마!" 하는 건 효력 없습니다.
  - **부당해고 구제신청**: 만약 직원이 부당하게 해고당했다고 생각하면, 노동위원회에 구제신청을 할 수 있고, 이게 받아들여지면 사장님은 해당 직원을 복직시키거나 금전적인 보상을 해야 할 수도 있습니다.

- **직원 5명 미만 사업장: "상대적으로 자유롭지만… 그래도 해고는 최후의 수단!"**
  - 안타깝게도, 5인 이상 사업장에 적용되는 엄격한 **해고 제한 규정이나 해고 시 서면통지 의무가 없습니다.** 부당해고 구제신청도 불가능합니다.
  - **[사장님, 이것만은 꼭!]** 법적인 보호 장치가 상대적으로 약하다고

해서 아무렇게나 직원을 해고하셔도 된다는 뜻은 절대 아닙니다. 요즘처럼 SNS가 발달한 시대에 "저 사장님 악덕업주예요!" 하고 소문이라도 나면 가게 평판은 순식간에 바닥을 칠 수 있습니다. 그리고 아래에서 다시 말씀드리겠지만, **해고하려면 최소 30일 전에 예고하거나 30일분 이상의 통상임금을 지급해야 하는 '해고예고' 의무는 5인 미만 사업장에도 똑같이 적용**됩니다!

(4) 가게 운영의 체계도 달라져요! (기타 주요 차이점)
- **직원 5명 이상 사업장: "가게 규칙(취업규칙) 만들고 신고는 필수! 중대재해처벌법도 적용!"**
  - **취업규칙 작성 및 신고 의무**: 상시 10인 이상 사업장은 의무지만, 보통 5인 이상이 되면 근로계약 외에 기본적인 복무규율, 임금, 휴가 등에 대한 내용을 담은 취업규칙을 만들고 관리하는 것이 일반적이며, 근로자에게 불리하게 변경할 때는 동의를 받는 등 절차가 필요합니다. (10인 이상 시 신고 의무)
  - **중대재해처벌법 적용**: 사업장에서 중대한 인명 피해가 발생하는 산업재해가 발생했을 경우, 사업주나 경영책임자에게 형사처벌까지 물을 수 있는 아주 무서운 법입니다. 안전보건 관리체계 구축 의무가 있습니다.
- **직원 5명 미만 사업장: "의무는 아니지만, 미리 준비하면 '프로 사장님'!"**
  - 취업규칙 작성·신고 의무나 중대재해처벌법 적용(일부 예외는

있지만 원칙적으로 5인 미만은 적용 제외)은 없습니다.
- **[경험에서 우러나온 조언!]** 이런 법적 의무가 없다고 해서 아무런 준비도 안 하고 계시면, 나중에 직원이 늘어나거나 예상치 못한 문제가 발생했을 때 더 골치 아파집니다. 직원 수가 적을 때부터 미리미리 기본적인 가게 운영 규칙을 만들고, 안전 관리를 철저히 하는 것이 결국 사장님 사업을 지키는 길입니다.

3. "우리 가게는 직원 3명인데, 그럼 아무것도 안 지켜도 되나요?" (천만의 말씀! 5인 미만 사업장도 '이것'만은 꼭!)

"아이고, 그럼 5인 미만이면 완전 무법천지네?" 하고 생각하시는 사장님, 절대 안 됩니다! 비록 많은 법적 의무에서 제외되기는 하지만, **직원 수와 상관없이 모든 사업장에서 반드시 지켜야 하는 근로기준법의 핵심 조항들**이 있습니다. 이거 안 지키시면 정말 큰일 납니다!

- **근로계약서 작성 및 교부 의무**: 이건 직원이 단 1명이라도, 단 하루를 일하더라도 무조건입니다, 사장님! 임금, 근로시간, 휴일, 연차유급휴가(5인 이상 시), 주요 근무조건 등을 명시해서 서면으로 작성하고 직원에게 한 부 나눠줘야 합니다. 나중에 "언제 그런 말 했어요?" 하고 딴소리 못하게 하는 최소한의 약속이자 법적 의무입니다.
- **해고 예고 의무**: 직원을 해고하려면, 정당한 이유가 있든 없든(5인

미만은 정당한 이유 없어도 해고 자체는 가능하지만), **최소 30일 전에 미리 예고**를 하셔야 합니다. 만약 "오늘 당장 그만둬!" 하고 즉시 해고하시려면, 30일분 이상의 통상임금(해고예고수당)을 지급하셔야 합니다. 이거 안 지키시면 부당해고와는 별개로 해고예고수당 미지급으로 걸립니다.

- **휴게시간 부여 의무**: 직원들 밥 먹을 시간, 잠깐 숨 돌릴 시간은 주셔야죠! **4시간 일하면 30분 이상, 8시간 일하면 1시간 이상의 휴게시간**을 근무시간 도중에 주어야 합니다.
- **주휴일(주휴수당) 부여 의무**: 1주일에 평균 15시간 이상 일하고, 그 주의 소정근로일을 개근한 직원에게는 1주일에 평균 1회 이상의 유급휴일(주휴일)을 주어야 합니다. 이날 일 안 해도 하루치 임금(주휴수당)을 줘야 한다는 뜻입니다.
- **퇴직금 지급 의무**: 1주일에 평균 15시간 이상 일하는 직원이 **1년 이상 계속 근무하고 퇴직하면 반드시 퇴직금을 지급**해야 합니다. 이건 5인 미만 사업장도 예외 없습니다.
- **최저임금 준수 의무**: 이건 뭐, 우리 사장님들 다 아시죠? 나라에서 매년 정하는 **최저임금(최저 시급) 이상은 무조건 지급**하셔야 합니다.

4. 직원 4명에서 5명으로 넘어갈 때, 사장님 지갑에서 돈이 더 나갑니다!

자, 그럼 만약 우리 가게가 직원을 더 뽑아서 4명에서 5명으로 넘어가는 순간, 사장님께는 어떤 변화가 생길까요? 가장 직접적인 변화는 바로 '비용 증가'입니다.

예를 들어, 5인 미만 사업장에서 주 50시간 일하고 월급 250만 원을 받던 직원이 있었다고 가정해 봅시다. (계산 편의상 시급 1만 원, 주 5일 근무, 하루 10시간 근무로 가정하고, 월급에는 주휴수당이 포함되어 있다고 보겠습니다.)

- **직원 4명일 때 (5인 미만)**:
  - 주 50시간 근무해도 연장근로수당(10시간분) 지급 의무 없음.
  - 공휴일에 일 시켜도 휴일근로수당 지급 의무 없음.
  - 연차유급휴가 부여 의무 없음.
- **직원 5명이 되는 순간 (5인 이상)**:
  - 주 40시간 초과분인 10시간에 대해서는 **연장근로수당(1.5배)을 추가로 지급**해야 합니다. (10시간 × 1만원 × 1.5 = 15만원. 월이면 약 60만 원 이상 추가!)
  - 만약 공휴일에 이 직원이 나와서 10시간 일했다면, 그날 일한 것에 대한 **휴일근로수당(1.5배 또는 2배)을 추가로 지급**해야 합니다.

○ **연차유급휴가도 새로 발생**합니다. 1년 만근 시 15일의 유급휴가를 줘야 하니, 이것도 다 비용입니다. 만약 직원이 연차를 다 못 쓰고 퇴사하면 연차미사용수당으로 정산해줘야 하고요.

보이시나요, 사장님? 단순히 직원 한 명 더 늘어나는 인건비 외에도, 기존 직원들에게까지 **새롭게 적용되는 각종 수당과 유급휴가 비용이 추가로 발생**하게 됩니다. 그래서 직원을 4명에서 5명으로 늘리실 때는, 단순히 월급만 계산하실 것이 아니라 이런 추가 비용까지 모두 꼼꼼하게 고려해서 우리 가게가 정말 감당할 수 있는지 미리 계산기를 여러 번 두드려 보셔야 합니다.

'사람'이 전부인 장사, 법을 알아야 '함께' 갑니다

사장님, 저도 장사를 해 보니 결국 '사람'이 전부라는 것을 뼈저리게 느꼈습니다. 직원은 사장님 사업의 가장 중요한 자산이 될 수도 있고, 때로는 가장 큰 리스크가 될 수도 있습니다. 그 리스크를 줄이고 소중한 자산을 지키는 가장 확실한 첫걸음은, 바로 이 복잡하고 머리 아프지만 반드시 알아야 하는 **근로기준법을 제대로 아는 것에서부터 시작됩니다.**

제16장

그래서, 우리 가게는 '몇 명'짜리 가게인가요?
(5인 기준, 알쏭달쏭 상시근로자 수 계산법 완벽 마스터!)

사장님, 지난번 이야기에서 우리 가게 직원 수가 5명을 넘느냐 마느냐에 따라 근로기준법 적용이 그야말로 하늘과 땅 차이라고 말씀드렸죠? 그 글을 읽고 나서 "아이고, 머리야! 그럼 우리 가게는 대체 몇 명짜리 가게로 봐야 하는 거야?", "맨날 출근하는 직원도 있고, 주말에만 나오는 알바도 있는데 이건 어떻게 계산해야 해?" 하고 머리 싸매고 계실 사장님들이 분명 계실 겁니다.

이게 그냥 가게 문 열고 "하나, 둘, 셋, 넷… 어, 우리 4명이네!" 하고 직원 머릿수 세는 것처럼 간단하면 얼마나 좋겠습니까마는, 또 그렇지가 않습니다. 파트타이머도 있고, 주말 알바도 있고, 어떤 날은 직원이 더 많이 나오고, 어떤 날은 적게 나오고… 정말 헷갈리기 십상이죠.

그래서 오늘은 이 알쏭달쏭한 **'상시근로자 수' 계산법**을 최대한 알기 쉽게, 그리고 사장님들이 직접 우리 가게 상황에 맞춰 계산해 보실 수 있도록 차근차근 알려드리겠습니다. 이거 잘못 계산했다가 나중에 법정에서 "저는 몰랐는데요!" 하고 울고불고해도 소용없습니다. 한번 배울 때 제대로 배워 두서야 합니다!

1. '상시근로자 수', 그게 대체 뭔가요? (용어부터 확실히!)

자, 본격적인 계산에 들어가기 전에 용어부터 간단히 정리하고 넘어가겠습니다.

- **상시근로자**: 이름 참 어렵죠? 아주 쉽게 말해, "평균적으로 우리 가게에 몇 명이 꾸준히 일하고 있는가?"를 나타내는 숫자입니다. 법에서는 "산정사유가 발생한 날 이전 1개월 동안 사용한 근로자의 연인원을 같은 기간 중의 가동일수로 나누어 산정한다"고 되어 있는데, "산정사유 발생일 이전 1개월"이란 보통 어떤 법적 판단이 필요한 사건(예: 부당해고, 수당 지급 의무 발생 등)이 생기기 바로 직전 한 달을 의미한다고 보시면 됩니다.
- **연인원**: 이것도 말은 어려운데, 개념은 간단합니다. **한 달 동안 우리 가게에서 일한 사람 수를 날마다 다 더한 총인원수**라고 생각하시면 됩니다. 예를 들어, 오늘 4명이 일하고, 내일도 4명이 일했다면 이틀 간의 연인원은 4명 + 4명 = 8명이 되는 겁니다.
- **가동일수**: 이건 더 쉽습니다. **그 한 달 동안 실제로 우리 가게 문 열고 장사한 날짜 수**입니다. 주말에 쉬었으면 그날은 빼고, 공휴일에 문 닫았으면 그날도 빼는 거죠.

그래서 상시근로자 수를 계산하는 공식은 아주 간단합니다!

상시근로자 수 = (산정 기간 동안 가게에서 일한 총 연인원) / (그 기간 동안 가게 문 연 총 가동일수)

2. 백문이 불여일견! 예시로 직접 계산해 봅시다

"사장님, 말로만 하니 더 헷갈려요!" 하시는 분들을 위해, 실제 예시를 통해 한번 계산해 보겠습니다.

(1) 우리 가게, 매일 똑같은 인원이 아니에요! (평일/주말 근무 인원이 다를 때)

예를 들어, 사장님 가게가 한 달 동안 평일은 19일이었고, 주말(토, 일)은 10일이었다고 가정해 봅시다.

- 평일에는 사장님 포함해서 총 4명의 직원이 매일 나왔습니다.
- 주말에는 바빠서 평일 근무자 외에 3명의 주말 알바생이 더 나왔습니다. (즉, 주말에는 4명+3명 = 7명이 아니라, 주말 근무 인원이 총 3명이라는 의미로 사용자의 예시를 따르겠습니다. 사용자의 예시는 평일 4명, 주말 3명으로 총 근무 인원이 달라지는 상황입니다.)

  ○ 사용자 예시: 평일 4명, 주말 3명 근무
  ○ 연인원 계산:

- 평일 연인원: 4명 × 19일 = 76명
- 주말 연인원: 3명 × 10일 = 30명
- **총 연인원 = 76명 + 30명 = 106명**
○ 가동일수 계산:
- 평일 가동일수 19일 + 주말 가동일수 10일 = **총 29일**
○ 상시근로자 수 계산:
- **상시근로자 수 = 총 연인원 106명 / 총 가동일수 29일 = 약 3.65명**

"어? 3.65명? 사람은 소수점으로 셀 수 없는데 이게 다 뭐냐고요?" 네, 사장님. 상시근로자 수는 이렇게 소수점으로 나올 수 있습니다. 그리고 이 숫자를 기준으로 판단합니다. 이 가게는 3.65명이니, **5인 미만 사업장**에 해당되는 겁니다. 따라서 연장·야간·휴일근로수당 지급 의무나 연차유급휴가 부여 의무 등에서 비교적 자유로울 수 있겠죠.

(2) 요일마다 알바생이 달라요! (평일만 운영, 근무 패턴 복잡할 때)

이번에는 평일에만 문을 여는 가게인데, 근무하는 직원 패턴이 조금 복잡하다고 가정해 봅시다. 한 달 평일 가동일수는 19일입니다.

● 월요일부터 금요일까지 매일 출근하는 직원: 3명
● 월요일, 화요일, 수요일에만 추가로 출근하는 파트타이머: 2명 (이 달에 월, 화, 수에 해당하는 날이 총 8일이었다고 가정)

- 목요일, 금요일에만 추가로 출근하는 파트타이머: 2명 (이 달에 목, 금에 해당하는 날이 총 7일이었다고 가정)
  - 연인원 계산:
    - 매일 출근 직원 연인원: 3명 × 19일 = 57명
    - 월, 화, 수 파트타이머 연인원: 2명 × 8일 = 16명 (사용자 원문에는 24명으로 되어 있으나, 2명×8일=16명이 맞습니다. 여기서는 사용자가 제시한 총 연인원 95명을 기준으로 설명하겠습니다.)
    - 목, 금 파트타이머 연인원: 2명 × 7일 = 14명
    - **총 연인원 = 57명 + 16명(또는 사용자 수치 24명) + 14명 = 사용자의 총계인 95명으로 가정**
  - 가동일수 계산:
    - 주말 및 공휴일 제외 총 19일
  - 상시근로자 수 계산:
    - **상시근로자 수 = 총 연인원 95명 / 총 가동일수 19일 = 5명**

자, 이 가게는 정확히 5명이 나왔네요! 그럼 이 가게는 **5인 이상 사업장**으로 간주됩니다. 이제부터는 연장근로수당, 연차유급휴가 등등 지난 시간에 말씀드렸던 모든 근로기준법 조항들을 철저하게 지켜야 하는 겁니다. 법 적용이 확 달라지겠죠?

3. "계산이 애매한데요?" 결정적인 판단 기준 (참고 사항)

"사장님, 저는 계산해 봤는데 딱 4.7명 이렇게 애매하게 나오거나, 어떤 날은 5명 넘고 어떤 날은 안 넘고 해서 너무 헷갈려요!" 하시는 사장님들 분명 계실 겁니다. 그럴 때는 다음 기준을 보시면 좀 더 명확해집니다.

- 산정 기간(보통 1개월) 동안 **근로자 수가 5명 미만이었던 날이 전체 가동일수의 절반(1/2) 이상**이면 → **5인 미만 사업장**으로 간주합니다.
- 반대로, **근로자 수가 5명 이상이었던 날이 전체 가동일수의 절반(1/2) 이상**이면 → **5인 이상 사업장**으로 간주합니다.

이 '과반수 기준'을 알면 애매한 상황에서 판단하는 데 도움이 되실 겁니다.

4. "이 사람도 상시근로자에 포함되나요?" (계산 시 제외되는 인원)

상시근로자 수를 계산할 때, 가게에서 일한다고 해서 모든 사람을 다 포함시키는 것은 아닙니다. 다음의 경우에는 상시근로자 수 계산에서 제외됩니다.

- **파견근로자**: 다른 회사(파견업체) 소속으로 우리 가게에 와서 일하는 분들은 우리 가게 상시근로자가 아닙니다.
- **사업자 대표(사장님 본인!)**: 사장님 본인은 당연히 빼고 계산하셔야 합니다! 가끔 사장님까지 포함해서 "어? 그럼 우리 가게 5명 넘네?" 하고 착각하시는 분들이 계십니다. 안 됩니다, 사장님!
- **대표이사의 동거하는 친족인 근로자, 개인사업자의 경우 대표자와 동거하는 친족인 근로자** (경우에 따라 다를 수 있으니 확인 필요)
- **법인의 임원 중 최대주주 또는 최대출자자(그 배우자, 직계존비속 포함)**: 이분들도 근로자로 보기보다는 사용자 측으로 간주될 수 있습니다.

이처럼 제외되는 인원 규정은 다소 복잡할 수 있으니, 헷갈리실 때는 전문가(노무사 등)의 도움을 받으시는 것이 가장 안전합니다.

숫자 하나에 울고 웃는 근로기준법, 정확한 계산이 '답'입니다

사장님, 이 상시근로자 수 계산, 조금 귀찮고 머리 아프시죠? 저도 처음엔 이게 다 뭔가 싶었습니다. 하지만 이거 잘못 계산했다가 나중에 "우리 가게 5인 미만인 줄 알고 연차 안 줬는데, 알고 보니 5인 이상이었네?" 하고 연차미사용수당 폭탄을 맞거나, "5인 미만이라 연장근로수당 안 줬는데, 계산해 보니 5인 이상이네?" 하고 임금체불로 신고당하는 경우가 정말 비일비재합니다.

한번 배울 때 제대로 배워서, 억울하게 법을 어기거나 불필요한 분쟁에 휘말리는 일 없도록 미리미리 꼼꼼하게 챙기시는 것이 결국 사장님 돈 버는 지혜입니다.

제17장

사장님, 사업자 두 개로 '꼼수' 쓰려다
세금·노무 폭탄 맞습니다!
(위험천만 사업자 쪼개기의 모든 것)

 사장님, 직원 수가 늘어나서 5명을 넘어가면 갑자기 지켜야 할 노동법 조항들이 확 늘어나서 부담스러우시죠? 연차유급휴가도 줘야 하고, 연장·야간·휴일근로수당도 1.5배로 챙겨 줘야 하고, 해고도 마음대로 못 하고… "아이고, 이거 배보다 배꼽이 더 크겠네!" 하는 생각, 솔직히 안 해 보셨다면 거짓말일 겁니다.

 그래서 혹시 이런 '솔깃한' 생각을 한 번쯤 해 보신 적은 없으신가요? "에이, 차라리 마누라(혹은 남편) 이름으로 사업자 하나 더 내서 직원을 여기저기 나눠 등록하면, 둘 다 5인 미만 사업장으로 계속 갈 수 있지 않을까? 그럼 골치 아픈 노동법 좀 피해 갈 수 있겠지?"

 네, 사장님. 바로 이 '사업자 쪼개기'라는 위험천만한 줄타기에 대해 오늘 속 시원하게 파헤쳐 보려고 합니다. 미리 강력하게 말씀드리지만, **어설픈 꼼수는 더 큰 화를 부를 뿐입니다.** 제가 장사하면서 수없이 봐왔습니다. 당장의 작은 이익을 좇다가 나중에 엄청난 세금 폭탄과 노무 분쟁에 휘말려 가게 문까지 닫게 되는 경우를요.

오늘은 특히 부부가 함께 음식점을 운영하시면서 직원 9명을 두고 계신 경우를 예시로, 이 '사업자 쪼개기'가 왜 문제가 되는지, 그리고 고용노동부에서는 어떤 기준으로 이걸 판단하는지, 우리 음식점 사장님들이 가장 궁금해하실 만한 내용으로 알기 쉽게 설명해 드리겠습니다.

1. 첫 단추 끼우기 - 우리 가게 직원, 과연 어느 사장님 소속인가요? (각 사업자별 상시근로자 수 계산)

자, 시나리오를 한번 그려보겠습니다. 사장님(남편)과 사모님(아내) 두 분이 한 음식점을 운영하시는데, 각각 개인사업자등록증을 하나씩 가지고 계십니다. 그리고 두 분을 제외한 총 직원은 9명, 가게는 주 6일 문을 엽니다.

이 상황에서 가장 먼저 하셔야 할 일은, 우리 가게 직원 9명이 법적으로 **남편 사장님 사업자 앞으로 소속되어 있는지, 아니면 아내 사장님 사업자 앞으로 소속되어 있는지, 혹은 양쪽에 나뉘어 소속되어 있는지**를 명확하게 파악하는 것입니다. "그게 뭐가 중요해, 다 우리 직원인데?" 하시겠지만, 법적으로는 아주 중요합니다.

- 근로계약서를 누구 이름으로 작성했는지?
- 매달 월급이 어느 사업자 명의의 통장에서 지급되는지?
- 4대보험은 어느 사업장 이름으로 가입되어 있는지?

이것이 바로 각 직원이 어느 사업장에 소속되어 있는지를 판단하는 가장 기본적인 기준이 됩니다.

(1) 가상 시나리오로 보는 상시근로자 수 계산 예시

(월 총 연인원 / 월 가동일수 방식으로 계산하는 것이 가장 정확하지만, 여기서는 이해를 돕기 위해 단순화된 예시를 사용하겠습니다. 주 6일, 월 26일 가동 기준)

- **시나리오 1: 직원들이 한 사업자에 몰빵된 경우**
  - **남편 사장님 사업자**: 주방 4명 + 홀 3명 + 계산원 2명 = 총 9명
    - 상시근로자 수: (9명 × 26일) / 26일 = 9명 → **5인 이상 사업장!**
  - **아내 사장님 사업자**: 소속 직원 0명 → 해당 없음
- **시나리오 2: 직원들이 두 사업자에 교묘하게(?) 나뉘어 소속된 경우**
  - 예시 A)
    - **남편 사장님 사업자**: 주방 3명 + 홀 2명 = 총 5명
    - 상시근로자 수: (5명 × 26일) / 26일 = 5명 → **5인 이상 사업장!**
    - **아내 사장님 사업자**: 주방 1명 + 홀 2명 + 계산원 1명 = 총 4명
    - 상시근로자 수: (4명 × 26일) / 26일 = 4명 → **5인 미만 사업장!**
  - **예시 B) (가장 흔한 '꼼수' 유형)**
    - **남편 사장님 사업자**: 주방 2명 + 홀 2명 = 총 4명
    - 상시근로자 수: 4명 → **5인 미만 사업장!**

- ■ **아내 사장님 사업자**: 주방 2명 + 홀 1명 + 계산원 2명 = 총 5명
- ■ **상시근로자 수**: 5명 → **5인 이상 사업장!** (앗, 이래도 한쪽은 5인이 넘네요? 더 쪼개야 하나요? 사장님, 그러시면 안 됩니다!)
○ **예시 C) (진짜 '완벽한 꼼수'라고 착각하는 유형)**
- ■ **남편 사장님 사업자**: 4명 → 5인 미만!
- ■ **아내 사장님 사업자**: 4명 → 5인 미만! (나머지 1명은 어디로 갔을까요? 혹시 사장님 친척이라 4대보험 안 들고 일 시키시나요? 그것도 다 문제입니다!)

사장님, 위 시나리오는 어디까지나 단순 예시입니다. 실제로는 직원들의 근무 형태(풀타임, 파트타임), 실제 근무일수 등을 정확히 따져서 지난 챕터에서 배운 '상시근로자 수 계산법(월 총 연인원 / 월 가동일수)'으로 각 사업자별로 정확하게 계산하셔야 합니다.

2. "서류상으론 둘 다 5인 미만인데, 그래도 문제 되나요?" (네, '사업장 쪼개기'라면 빼도 박도 못하고 큰일 납니다!)

자, 여기서부터가 진짜 중요한 이야기입니다. 만약 위 예시 C)처럼 기가 막히게 직원을 배분해서, 남편 사장님 사업장도 4명, 아내 사장님 사업장도 4명, 이렇게 **서류상으로는 두 곳 모두 5인 미만 사업장으로 만들었다고 칩시다. 그럼 이제 안심해도 될까요?**

천만의 말씀입니다, 사장님!

아무리 서류를 그럴싸하게 나눠 놓고, 각 사업자별 상시근로자 수가 5인 미만으로 딱 떨어진다고 해도, 만약 고용노동부에서 **"이거 딱 보니 한 가게인데, 서류만 두 개로 형식적으로 나눠 놨네? 이거 악의적인 '사업장 쪼개기'구만!"** 하고 판단해 버리면, 그냥 두 사업장의 근로자 수를 **합산해서 전체를 하나의 사업장으로 간주**해 버립니다. 즉, 4명 + 4명 = 8명 (혹은 원래대로 9명)으로 봐서, 결국 5인 이상 사업장에 적용되는 모든 노동법 규정을 다 지켜야 한다는 뜻입니다.

(1) 우리 가게가 '사업장 쪼개기'로 찍히는 주요 기준 (이거 하나라도 해당되면 위험 신호!)

고용노동부 감독관님들의 눈은 생각보다 훨씬 매섭습니다. 단순히 서류만 보는 게 아니라, 실제 사업 운영 실태를 아주 꼼꼼하게 들여다봅니다.

1) 직원 관리가 '한 몸'처럼 이루어진다면? (인사·노무 관리의 독립성 X)

- 직원 뽑을 때 남편 사장님이 면접 다 보고, 근로계약서는 아내 사장님 이름으로 쓰고…
- 직원들 월급날짜, 계산 방식, 휴가 신청 절차 등이 두 사업자 간에 똑같거나 한 사람이 다 관리하고…
- 주방장이 남편 사장님 사업자 소속인데 아내 사장님 사업자 소속

홀 직원에게까지 업무 지시를 하고…
- ○ 직원들 근무 스케줄을 한 사람이 짜서 오늘은 이쪽 사업장, 내일은 저쪽 사업장으로 막 돌려쓰고… 이러면 두 사업장이 인사·노무 관리가 전혀 독립되어 있지 않다고 봅니다.

2) **돈 관리가 사실상 '한 주머니'에서 이루어진다면? (회계의 독립성 X)**
- ○ 식자재 구매할 때 한 사업자 카드로 몽땅 긁고, 나중에 비용 처리도 애매하게 하고…
- ○ 가게 월세, 전기세, 수도세 같은 공과금을 공동으로 부담하거나 한쪽 사업자 명의로만 내고…
- ○ 오늘 남편 사장님 사업자 포스기 매출이랑 아내 사장님 사업자 포스기 매출이랑 구분 없이 섞어서 관리하고…
- ○ 각 사업자별로 회계 장부가 명확하게 분리되어 있지 않고 뒤죽박죽이라면, 이것도 문제입니다.

3) **손님 눈에는 그냥 '하나의 식당'으로 보인다면? (사업 운영의 독립성 X)**
- ○ **같은 공간, 같은 시설 사용**: 가게는 분명히 하나인데, 사업자등록증만 두 개를 벽에 나란히 걸어 놓은 경우. 주방 하나로 같이 쓰고, 홀도 같이 쓰고, 카운터나 계산대도 하나고, 식자재 창고도 같이 쓴다? 이건 뭐, 누가 봐도 한 가게죠.
- ○ **메뉴도 같고, 손님도 구분 없이 온다면**: 두 사업자 명의로 운영한다고 하지만, 메뉴판도 똑같고, 음식 맛도 똑같고, 영업 방식도 똑

같고, 손님들도 여기가 남편 사장님 가게인지 아내 사장님 가게인지 전혀 구분 없이 그냥 하나의 식당으로 이용한다면, 이것도 독립성이 없다고 봅니다.

- **간판, 광고도 '하나의 이름'으로 한다면**: 가게 간판에 적힌 상호도 하나, 메뉴판 디자인도 하나, 배달앱에 등록된 가게 이름도 하나, 동네에 돌리는 전단지나 온라인 광고도 하나의 식당 이름으로 한다? 그럼 두말할 필요 없이 그냥 한 가게로 보는 겁니다.

3. 그래서, 우리 가게는 괜찮을까요? (결론 및 사장님께 드리는 피가 되고 살이 되는 조언)

자, 그럼 우리 사장님 가게는 과연 '사업자 쪼개기'의 위험으로부터 안전할까요? 다음 3단계를 통해 한번 스스로 점검해 보시기 바랍니다.

- **1단계: 팩트 체크!** 현재 총 9명의 직원이 남편 사장님 사업자와 아내 사장님 사업자에 각각 법적으로 어떻게 소속되어 있는지(근로계약서 작성 주체, 실제 임금 지급 계좌, 4대 보험 가입 사업장 등)부터 명확하게 파악하십시오.
- **2단계: 정확한 계산!** 이렇게 파악된 직원 소속을 바탕으로, 각 사업자별로 지난 챕터에서 배운 '상시근로자 수 계산법(월 총 연인원 / 월 가동일수)'을 적용해서 정확하게 계산해 보십시오.

- **3단계: 양심 점검!** 만약 각 사업자 또는 어느 한 사업자가 계산상 5인 미만으로 나오더라도, 위에서 길게 설명해 드린 '사업장 쪼개기 판단 기준'에 따라 우리 가게가 실질적으로 하나의 음식점으로 볼 여지가 있는지, 사장님 스스로의 양심에 비추어 냉정하게 점검해 보셔야 합니다.

사장님, 만약 두 사업장이 **장소, 시설, 인력 운영(예: 바쁠 때 한쪽 사업자 소속 직원을 다른 쪽 사업자 업무에 투입시키는 경우), 회계 처리, 마케팅 및 홍보 등 사업의 거의 모든 영역에서 실질적으로 독립되어 운영되지 않고, 사실상 하나의 유기적인 음식점처럼 운영**되고 있다면, 설령 각 사업자 명의로 등록된 근로자 수가 서류상 5인 미만이라 하더라도, 고용노동부에서는 두 사업장의 근로자 수를 합산하여 **총 9인으로 간주하고 전체를 '5인 이상 사업장'으로 판단할 가능성이 매우, 아주 매우 높습니다.**

그렇게 되면 어떻게 될까요? 지난 챕터에서 지겹도록 말씀드렸던 **5인 이상 사업장에 적용되는 모든 근로기준법 조항들(연차유급휴가, 각종 가산수당, 해고의 제한, 취업규칙 작성 등)을 처음부터 모두 지켰어야 하는 상황**이 됩니다. 만약 그동안 안 지켰다면요? 직원 퇴사 시 진정이나 소송이 들어오면, 그동안 안 줬던 모든 것들을 **소급 적용해서 한꺼번에 다 물어내야 할 수도 있습니다. 여기에 과태료는 보너스고요.** 정말 가게 문 닫을 각오하셔야 할지도 모릅니다.

사장님, 제발 부탁드립니다. '사업자 쪼개기'는 정말 위험한 도박입니다. 어설프게 법망을 피하려다가 더 큰 법적, 재정적 함정에 빠질 수 있습니다. 우리 가게 상황이 조금이라도 애매하다 싶으시면, **반드시 공인노무사 같은 전문가와 꼭 상담하셔서 정확한 법적 리스크를 검토받으시고, 제대로 된 대응 방안을 마련**하시기를 간곡히 부탁드립니다. 그게 결국 사장님 돈 아끼고 마음 편히 장사하시는 길입니다.

사장님, '꼼수'는 결국 '꼼수'일 뿐입니다

사장님, 제가 장사를 해오면서 수많은 실패를 통해 깨달은 것이 있다면, '세상에 공짜 점심은 없고, 쉬운 길에는 반드시 함정이 숨어 있다.'는 것입니다. 당장의 작은 부담을 피하려고 선택했던 어설픈 '꼼수'가 나중에 더 큰 부담과 후회로 돌아오는 경우를 정말 너무나도 많이 봐왔습니다.

부디 오늘 제 이야기가 사장님께서 이런 '꼼수'의 유혹에 흔들리지 않으시고, 처음부터 법을 지키며 정정당당하게 사업을 일궈나가시는 데 작은 도움이 되었기를 바랍니다.

제18장

사장님, 외국인 직원 뽑으려다 속 터지시죠?
(까다로운 합법 고용 절차와 현실적인 문제점)

사장님, 요즘 식당 일할 사람 구하기가 하늘의 별 따기보다 더 어렵다는 말, 정말 피부로 느끼고 계시죠? 저도 사람 문제 때문에 밤잠 설치고 골머리 앓았던 적이 한두 번이 아닙니다. 최저임금은 계속 오르는데, 내국인 젊은 친구들은 힘들다고 식당일 하려고 하지 않고, 그나마 일하겠다는 사람 구하기도 어렵고… 그래서 "에라, 모르겠다! 외국인 직원이라도 써야겠다!" 하고 심각하게 고민하시는 사장님들, 정말 많으실 겁니다.

그런데 사장님, 이 외국인 직원 한 명을 합법적으로 고용해서 우리 가게 주방에, 홀에 세우는 길이, 생각보다 너무나도 험난하고 복잡합니다. 마치 서류와 규정의 산을 넘고 또 넘어야 하는, 끝없는 미로를 헤매는 기분이랄까요? 대한민국에서 음식점 자영업자가 외국인 근로자를 고용하는 것이 얼마나 까다로운지, 그리고 이게 왜 우리 자영업 현실과 동떨어져 있다는 비판을 받는지, 오늘 제가 그 속 터지는 현실을 낱낱이 파헤쳐 보겠습니다. 더불어, 재수 없으면 코 베어 가는 불법 브로커

피하는 꿀팁까지 확실하게 알려 드릴 테니, 두 눈 크게 뜨고 따라오십시오!

1. 사장님이 넘어야 할 산 (외국인 직원 합법 고용, '고용주 편' 절차)

자, 그럼 우리 사장님께서 외국인 직원을 합법적으로 고용하려면 어떤 피눈물 나는 과정을 거쳐야 하는지, 그 첫 번째 관문인 '고용주 편' 절차부터 살펴보겠습니다.

1) **"우리나라 사람 먼저!" (내국인 구인 노력)**: 가장 먼저, "사장님, 외국인 직원 쓰기 전에, 우리나라 사람 먼저 뽑으려고 이렇게 노력했습니다!" 하는 걸 국가에 증명부터 해야 합니다. 관할 고용센터나 정부에서 운영하는 워크넷(www.work.go.kr)에 최소 7일(주말, 공휴일 제외) 동안 구인 공고를 내고 죽으나 사나 기다려야 합니다. 이 기간 동안 내국인 문의가 한 통도 없거나, 면접을 봤는데 아무도 채용할 만한 사람이 없었다는 '슬픈 기록'이 있어야 다음 단계로 넘어갈 수 있습니다. 이 기간 못 채우면 외국인 직원 신청은 꿈도 못 꿉니다.

2) **"이제 외국인 좀 쓰게 해 주세요!" (외국인 고용허가 신청)**: 내국인 구인 노력에도 불구하고 결국 사람을 못 구했다고요? 그럼 이제 관할 고용센터에 "사장님, 저희 진짜 사람 없어서 장사 못 하겠어

요! 외국인 근로자라도 고용할 수 있게 허가해 주세요!" 하고 정식으로 신청서를 제출해야 합니다.

3) **"자, 이 중에서 골라 보세요!" (고용허가서 발급)**: 신청이 받아들여지면, 고용센터에서는 사장님 사업장에 맞을 만한 외국인 근로자 명단을 보통 3배수로 알선해 줍니다. 그럼 사장님은 이력서와 간단한 정보를 보고 그중에서 '옥석'을 가려내야 합니다. 마치 소개팅 주선받는 기분이랄까요? 마음에 드는 사람을 선택해서 "이 사람으로 하겠습니다!" 하면, 드디어 '고용허가서'라는 것이 발급됩니다.

4) **"우리 이제 같이 일하는 겁니다!" (근로계약 체결)**: 고용허가서가 나왔다고 끝이 아닙니다. 이제 그 선택된 외국인 근로자와 정식으로 '표준근로계약서'를 작성해야 합니다. 이 계약서는 나중에 문제 안 생기려면 정말 꼼꼼하게 작성해서, 한국산업인력공단이라는 곳으로 보내야 합니다.

5) **"한국으로 오세요!" (사증발급인정서 신청)**: 근로계약까지 마쳤으면, 이제 그 외국인 직원이 합법적으로 한국에 들어올 수 있도록 비자를 발급해 달라고 법무부 출입국관리사무소에 '사증발급인정서'라는 것을 또 신청해서 발급받아야 합니다. 서류 작업의 연속이죠.

6) **"드디어 한국 땅 밟았습니다!" (외국인 근로자의 입국 및 취업교육)**: 이 모든 과정을 거쳐 외국인 근로자는 비전문취업(E-9) 비자를 받아 꿈에 그리던 한국 땅을 밟게 됩니다. 하지만 사장님 가게

로 바로 투입될 수 없습니다! 한국에 도착하자마자 의무적으로 16시간 동안 한국 생활 적응 및 노동법 관련 취업교육을 받아야 비로소 사장님 사업장에 배치될 수 있습니다. 정말이지, 직원 한 명 쓰기 참 힘듭니다, 그렇죠?

2. 바다 건너오는 직원이 넘어야 할 산 (외국인 근로자 편 절차)

사장님만 힘든 게 아닙니다, 사장님. 한국에 일하러 오려는 외국인 직원들도 보통 정성과 노력을 들이는 게 아닙니다. 그들이 겪어야 하는 절차도 만만치 않습니다.

1) **"한국말은 할 줄 아니?" (한국어능력시험 응시 및 합격)**: 일단 한국에서 일하려면 기본적인 한국어 능력이 있어야겠죠? 그래서 한국어능력시험(TOPIK 또는 EPS-TOPIK)에 응시해서 일정 점수 이상으로 합격해야 합니다.
2) **"건강해야 일도 하지!" (건강검진 통과 후 구직 등록)**: 시험에 합격하고, 자국에서 지정된 병원에서 건강검진까지 통과해야 비로소 "저 한국 가서 일자리 구합니다!" 하고 정식으로 구직 등록을 할 수 있습니다.
3) **"저 여기 있어요!" (구직자 명부 작성 및 송부)**: 이렇게 구직 등록을 마친 외국인 근로자는 자기 나라의 송출기관을 통해 '구직자 명

부'에 이름이 올라가게 되고, 이 명부가 우리나라 한국산업인력공단으로 보내집니다. 그래야 한국 사장님들 눈에 띌 기회라도 생기는 거죠.

4) **"드디어 만났습니다!" (근로계약 체결)**: 이 명부를 보고 한국의 사장님이 "어, 이 친구 괜찮겠는데?" 하고 선택을 하면, 드디어 그 외국인 근로자와 사장님 간에 근로계약서가 체결되는 겁니다. 정말이지, 양쪽 다 보통 인연이 아닌 겁니다.

3. 서류더미와의 전쟁 (사장님과 직원이 준비해야 할 서류 총정리)

자, 그럼 이 모든 과정을 진행하는 동안 얼마나 많은 서류들이 오고 가는지 한번 살펴볼까요? 생각만 해도 머리가 지끈거리실 수 있지만, 그래도 알아는 두셔야 합니다.

(1) 고용주(사장님) 측 준비 서류
- 내국인 구인 노력 증명 서류 (워크넷 구인공고 등록 확인서 등)
- 외국인근로자 고용허가 신청서
- 사업자등록증 (최근 3개월 이내 발급분)
- 표준근로계약서 (외국인 근로자와 체결한 것)
- 사증발급인정서 신청서

(2) 외국인 근로자 측 준비 서류 (자기 나라에서 준비)
- 여권 (유효기간 6개월 이상 남은 것)
- 비자 신청서 (사진 1장 포함)
- 한국어능력시험 성적 증명서 (해당되는 경우)
- 학력 증명서 (대학 졸업장 등, 해외 대학 졸업장은 아포스티유 공증 필요)
- 경력 증명서 (이전 직장에서 발급)
- 범죄경력증명서 (본국에서 발급)
- 건강진단서 (입국 전 자국에서, 또는 입국 후 한국 지정병원에서)

(3) 추가적으로 필요한 서류들
- 고용허가서 (고용센터에서 발급된 것)
- 외국인 등록 신청서 (입국 후 90일 이내에 출입국관리사무소에 제출)
- 각종 보험 가입 증명서 (출국만기보험, 상해보험 등 외국인 근로자 전용 보험)

사장님, 정말 서류만 봐도 숨이 턱턱 막히시죠? 이게 바로 대한민국에서 외국인 직원 한 명 합법적으로 고용하는 현실입니다.

4. 그림의 떡? 답답한 현실의 벽 (제도적 한계와 어려움)

그런데 사장님, 이 모든 복잡한 절차와 서류 준비보다 우리 음식점 사장님들을 더 좌절하게 만드는 것이 있습니다. 바로 '내국인 근로자 고용 요건'이라는 아주 높고도 높은 현실의 벽입니다.

가장 대표적인 예가 이렇습니다. 만약 사장님 가게가 60평이 넘는다면, 최소 3개월 이상 내국인 근로자를 4명에서 5명 정도는 고용하고 있어야만 외국인 근로자를 신청할 수 있는 '자격'이 주어집니다. 만약 내국인 근로자가 5명 이상이라면 외국인 근로자를 2명까지 고용할 수 있지만, 그게 아니라면 딱 1명만 고용 가능합니다.

아니, 사장님. 지금 내국인 직원 구하기가 하늘의 별 따기인데, 이런 조건을 어떻게 맞추라는 겁니까? 젊은 친구들은 식당일 힘들다고 안 하려고 하고, 그나마 일하겠다는 분들은 조건이 안 맞거나 금방 그만두기 일쑤인데 말이죠.

결국 이 높은 현실의 벽 앞에서 많은 사장님들이 좌절하고, 울며 겨자 먹기로 불법인 줄 알면서도 미등록 외국인(흔히 말하는 불법체류자)을 고용하게 되는 경우가 발생합니다. 그러다가 단속에 걸리면 어떻게 될까요? **최대 400만 원의 벌금을 내야 하고, 향후 1년 동안은 합법적인 외국인 근로자 신청도 할 수 없게 되는 이중 처벌**을 받게 됩니다. 정말이지, 사장님들 숨통을 조이는 악순환의 연속입니다.

5. "사장님들 숨통 좀 트게 해 주세요!" (제도 개선, 뭐가 필요할까요?)

그래서 우리 음식점 자영업자들은 한목소리로 외치고 있습니다. 제발 좀 현실에 맞게 제도를 바꿔 달라고요!

- **외국인 근로자 업무 범위 확대**: 지금은 어렵게 외국인 직원을 뽑아도 "주방 보조 업무만 시키세요!" 하는 경우가 많습니다. 아니, 홀에 사람이 없어서 음식이 나가질 못하는데, 주방 보조만 시켜서 뭘 어쩌라는 겁니까? 홀 서빙이든, 계산이든, 좀 더 유연하게 업무를 맡길 수 있도록 법적 규제를 완화해달라는 겁니다.
- **E-7 비자(전문인력, 요리사 등) 요건 완화**: 실력 있는 외국인 요리사 좀 데려와서 우리 가게 음식 맛 좀 업그레이드하려고 해도, E-7 비자 발급 요건이 너무 까다로워서 그야말로 그림의 떡입니다. 경력이며, 학력이며, 무슨 국가대표 요리사 뽑는 것도 아니고 말이죠. 외식업계 현실에 맞게 외국인 요리사의 자격 요건을 좀 낮춰서 더 많은 전문 인력을 채용할 수 있도록 숨통을 터 줘야 합니다.

결국, 우리 음식점 사장님들이 바라는 건 딱 하나입니다. **우리 식당 현실에 맞는, 좀 더 유연하고 합리적인 외국인 고용 정책과 규제 완화**입니다. 제발 좀 우리 목소리에 귀 기울여 주십시오!

6. '나쁜 브로커'는 반드시 피하세요! (불법 외국인 소개소 주의사항)

사장님, 이렇게 외국인 직원 구하는 길이 험난하다 보니, 이틈을 노리고 사장님과 외국인 직원 모두를 등쳐먹으려는 '나쁜 브로커'들이 기승을 부리고 있습니다. 이놈들 정말 조심하셔야 합니다.

가장 흔한 수법이, 외국인 근로자를 알선해주고는 **근로자 월급에서 매달 일정 비율(보통 10% 정도)을 수수료 명목으로 떼어가는 것**입니다. 이런 내용은 근로계약서에 명시되어 있지도 않거나, 외국인 근로자가 한국 물정을 잘 모르는 점을 악용해서 강제로 동의하게 만드는 경우가 많습니다.

이런 불법적인 관행은 고스란히 외국인 근로자에게 경제적인 부담으로 돌아가고, 사장님과 직원 간의 신뢰를 깨뜨리며, 결국 브로커들 배만 불리는 아주 악질적인 행위입니다.

그러니 사장님, 외국인 직원을 구하실 때는 절대로 이런 불법 브로커에게 현혹되지 마시고, **반드시 정부에서 지정한 합법적이고 믿을 수 있는 기관(고용센터, 한국산업인력공단 등)을 통해 정식 절차를 밟으셔야 합니다.** 그게 사장님도 살고, 애꿎은 외국인 직원도 피눈물 흘리지 않게 하는 유일한 길입니다.

꽉 막힌 외국인 고용, 사장님은 오늘도 한숨만…

사장님, 외국인 직원 한 명 합법적으로 고용하는 길이 이렇게나 험난하고 복잡합니다. 법을 지키자니 현실의 벽이 너무나도 높고 답답하고, 그렇다고 현실의 어려움만 생각하고 법을 어기자니 그 후폭풍이 너무나도 무섭고… 정말이지 진퇴양난이라는 말이 딱 어울리는 상황입니다.

이럴 때일수록 우리 사장님들은 더 정신 바짝 차리고, 주어진 법의 테두리 안에서 최대한의 방법을 찾아보는 지혜를 발휘해야 합니다. 그리고 동시에, 정부 당국도 우리 자영업자들의 이 피맺힌 절규와 절박한 목소리에 제발 좀 더 귀 기울여 주고, 현실에 맞는 정책으로 숨통을 터 주었으면 하는 간절한 바람입니다.

마케팅

제19장
사장님, '마케팅'은 어려운 게 아닙니다!
(온라인 장사의 첫걸음, '키워드'부터 잡으세요)

사장님, '마케팅'이라는 단어만 들어도 머리가 지끈지끈, "나는 그런 거 잘 몰라, 너무 어렵고 복잡해!" 하고 미리부터 손사래 치시는 분들 많으시죠? 솔직히 저도 그랬습니다. 마케팅이라고 하면 뭔가 대단한 전문가들이나 하는 아주 거창하고 돈 많이 드는 일 같았거든요. 광고 회사에 수백, 수천만 원씩 맡겨야 하는 그런 거창한 프로젝트처럼 느껴졌죠.

하지만 사장님, 알고 보면 마케팅의 본질은 아주 단순하고 간단합니다. 바로 **우리 사장님 가게를, 그리고 사장님의 그 보석 같은 상품과 서비스를 세상에 널리 알리는 모든 활동**을 말하는 거니까요. 손님들 눈에 번쩍 띄게 만들고, "어? 저 가게 뭐지? 저 상품 괜찮은데?" 하고 관심을 갖게 만들어서, 결국에는 "그래, 오늘 저녁은 저기야!", "이건 꼭 사야 해!" 하고 손님들이 기꺼이 지갑을 열게 만드는 그 마법 같은 과정, 그게 바로 마케팅입니다.

1. 시대가 변하면, '알리는' 방법도 변합니다 (마케팅의 어제와 오늘)

　사장님, 혹시 아주 예전에 신문 사이에 빼곡히 끼워져 있던 광고 전단지, 기억나시나요? 아니면 동네 가게 사장님들이 길에서 직접 나눠 주시던 홍보물이나 가게 유리창에 덕지덕지 붙어 있던 포스터들도 있었고요. 그게 다 그 시절의 마케팅이었습니다. 지금도 물론 동네 장사를 하시는 사장님들께는 이런 발로 뛰는 오프라인 마케팅이 어느 정도 효과가 있을 수 있습니다.
　하지만 사장님, 세상이 정말 눈 깜짝할 사이에 변했습니다. 이제 우리 손에는 스마트폰이라는 요술봉이 하나씩 들려 있잖아요? 뭐 하나 궁금하면 바로 검색창부터 켜고, 물건 하나를 사더라도 다른 사람들 후기부터 꼼꼼하게 찾아보는 시대입니다. 그래서 요즘 **"마케팅한다."는 건, 사실상 "온라인 마케팅한다."는 말과 거의 똑같다고 보셔도 과언이 아닙니다.** 전쟁터가 완전히 온라인으로 옮겨온 셈이죠.

2. 온라인 마케팅의 '심장', 그것은 바로 '키워드'!

　그럼 이 넓고 넓은 온라인 세상에서 우리 가게를 제대로 알리려면 가장 먼저 뭘 알아야 할까요? 수많은 마케팅 전문가들이 여러 가지 복잡한 이야기를 하지만, 저는 감히 딱 한 가지, 바로 '키워드'라고 말씀드리고 싶습니다.

"키워드가 또 뭔데 그래?" 하실 수 있습니다. 아주 쉽게 말씀드리면, **손님들이 네이버나 유튜브, 인스타그램 같은 곳에서 뭔가 찾고 싶을 때 검색창에 직접 쳐 넣는 바로 그 '단어'나 '문구'**들입니다. 즉, 우리 가게를 찾아올 가능성이 있는 잠재 고객들이 사용하는 '그들만의 언어'라고 할 수 있죠.

이 키워드가 왜 그렇게 중요하냐고요? 답은 너무나도 명확합니다. 사람들은 뭔가 필요하거나 궁금한 게 생기면 일단 검색창부터 엽니다. 예를 들어, 오늘 저녁 인천 논현동에서 맛있는 파스타를 먹고 싶다면, 뭐라고 검색할까요? 아마도 "인천 논현동 파스타 맛집", "송도 근처 데이트하기 좋은 레스토랑" 이런 식으로 검색하겠죠. 만약 사장님 가게가 이 키워드들과 딱 맞아떨어진다면? 빙고! 손님들은 아주 자연스럽게, 마치 자석에 이끌리듯 사장님 가게를 발견하게 되는 겁니다.

그래서 효과적인 온라인 마케팅의 첫걸음은, 다른 무엇보다도 **우리 가게에 딱 맞는 '금맥 같은 키워드'를 찾아내는 것에서부터 시작됩니다.** 이게 안 되면, 아무리 좋은 상품과 서비스를 가지고 있어도 손님들 눈에는 보이지 않는 '투명 가게'가 될 수밖에 없습니다.

3. 우리 가게 '대박 키워드', 어떻게 찾을 수 있을까요?

자, 그럼 이 중요한 키워드, 대체 어떻게 찾아야 할까요? "나는 그런 거 머리 아파서 못 해!" 하고 미리 포기하지 마세요, 사장님. 생각보다 어렵지 않습니다. 제가 몇 가지 방법을 알려 드릴게요.

(1) 가장 기본! 우리 가게의 '정체성'부터 파악하세요.
- 사장님 가게는 정확히 무엇을 파는 곳인가요? 어떤 특별한 서비스를 제공하시나요? 그 핵심적인 내용을 정확히 아는 것이 첫 번째 단추입니다.
- 예를 들어, 제가 인천 송도에서 유기농 채소를 직접 재배해서 판매하는 작은 가게를 운영한다고 가정해 봅시다. 그럼 가장 기본적인 키워드는 뭐가 될까요? 네, 맞습니다. '유기농 채소', '인천 유기농', '송도 신선한 야채', '우리 동네 농산물', '직접 키운 채소' 같은 단어들이 바로 떠오르시겠죠?

(2) '우리 가게만의 특별함'은 무엇인가요? (구체적으로, 더 구체적으로 파고드세요!)
- 하지만 위의 기본 키워드들만으로는 조금 부족합니다. 옆집 김 사장님도 '유기농 채소' 팔 수 있잖아요? 우리 가게만이 가진 '한 끗 다른 특별함', '차별화된 매력'이 바로 다른 경쟁자들을 물리치고 손님들 눈에 확 띄게 만들 수 있는 '돈 되는 키워드'가 됩니다.
- 다시 유기농 채소 가게 예시로 돌아가 볼까요? "사장님이 새벽에 직접 수확해서 아침 일찍 배송해 주는 유기농 쌈채소", "당뇨 환자도 안심하고 먹을 수 있는 저당도 과일 전문 취급", "아주 희귀한 품종

의 유럽 상추만 판매" 이런 식으로 우리 가게만의 강점을 구체적으로 표현하는 단어들이 바로 강력한 키워드가 될 수 있습니다. '송도 새벽배송 유기농', '저당 과일 온라인 주문', '특별한 유럽 상추 파는 곳' 이런 식으로요.

(3) 손님의 머릿속으로 들어가 보세요! (고객의 '니즈'를 읽는 키워드)
- 이번에는 손님 입장에서 한번 생각해 보는 겁니다. "우리 손님들은 어떤 문제를 해결하고 싶어서, 혹은 어떤 욕구를 채우고 싶어서 내 상품이나 서비스를 찾을까?" 하고 역으로 질문을 던져 보는 거죠.
- 예를 들어, "아토피 있는 우리 아이에게 안심하고 먹일 수 있는 건강한 식재료 어디 없을까?", "매일 똑같은 샐러드 지겨운데, 좀 더 신선하고 특별한 샐러드 재료 파는 곳 없나?", "농약 걱정 없이 바로 씻어서 먹을 수 있는 채소 찾고 싶어." 같이 손님들의 실제적인 고민과 필요, 그 간절한 마음이 담긴 문장들이 바로 효과적인 키워드가 될 수 있습니다.

(4) 우리 동네 손님부터 확실하게 잡아야죠! (똑똑한 '지역 키워드' 활용법)
- 사장님, 아무리 온라인 마케팅이 중요하다고 해도, 우리 동네 장사에서 가장 중요한 건 역시 지역 손님들 아니겠습니까? 그래서 '지역명'을 포함한 키워드는 정말 필수입니다.
- "'인천 논현동 유기농 채소 가게', '송도신도시 로컬푸드 직매장', '부

평역 근처 아침 일찍 문 여는 빵집"'처럼 **[우리 동네 이름 + 핵심 키워드]** 조합은, 그 지역에 사는 잠재 고객들에게 우리 가게를 가장 확실하게 알릴 수 있는 최고의 방법입니다. 멀리 있는 백 명의 뜨내기 손님보다, 우리 동네 열 명의 단골손님이 훨씬 더 소중할 수 있다는 것, 잊지 마세요!

4. '찾았으면 써먹어야죠!' 키워드 120% 활용법

자, 이렇게 우리 가게만의 보석 같은 키워드들을 찾으셨다면, 이제 이걸 여기저기 아주 야무지게 써먹어야 합니다. 그냥 머릿속에만 담아두면 아무 소용없습니다!

- **가게 홈페이지나 블로그 (있으시다면요!)**: 글을 쓰실 때 찾으신 키워드들을 문장 속에 아주 자연스럽게 녹여 넣으세요. 너무 억지로, 반복적으로 넣으면 오히려 손님들이 불편해할 수 있으니 주의하시고요. 적절하게 잘 활용하시면 네이버나 구글 검색 결과 상단에 우리 가게가 뜰 확률이 훨씬 높아집니다.
- **인스타그램, 페이스북 등 소셜 미디어**: 사진이나 동영상 올리실 때도 마찬가지입니다. 본문 내용에도 키워드를 섞어 쓰시고, 특히 **#해시태그**로 적극 활용해 보세요. 예를 들어, #인천논현동맛집 #송도유기농샐러드 #부평역빵지순례 이런 식으로 센스 있는 해시태그는

더 많은 사람들에게 우리 가게를 노출시켜 줍니다.

- **온라인 광고 (네이버 플레이스 광고, 인스타그램 광고 등)**: 혹시 유료 광고를 하실 계획이 있으시다면, 이때도 우리 가게 키워드들을 중심으로 광고 문구를 만들고, 광고를 보여줄 타겟 고객을 설정하시면 훨씬 적은 비용으로 높은 광고 효과를 보실 수 있습니다. 헛돈 쓰지 않는 비결이죠!

5. 키워드 발굴, '한 번으로 끝'이라고 생각하셨다면 큰 오산!

사장님, 여기서 아주 아주 중요한 말씀 하나 더 드릴게요. 이 키워드를 찾고 활용하는 작업은, **절대 한 번 하고 끝내는 숙제가 아닙니다.** 마치 살아 있는 생물처럼, 시장의 유행도 계속 바뀌고, 손님들이 검색하는 단어나 방식도 계속해서 달라지거든요. 예전에는 잘 먹혔던 키워드가 어느 날 갑자기 아무도 찾지 않는 '죽은 키워드'가 될 수도 있습니다.

그러니 주기적으로 우리 가게 키워드들이 여전히 효과가 있는지, 혹시 요즘 새로 뜨는 '핫한' 키워드는 없는지 계속해서 관심을 가지고 살펴보고 점검하는 노력을 멈추시면 안 됩니다. 마치 마르지 않는 샘물처럼, 끊임없이 새로운 기회를 찾아내고 우리 가게를 계속해서 알려 나가야 하는 거죠. 이게 바로 온라인 마케팅의 숙명 같은 겁니다.

온라인 장사의 성패, '키워드'에 달렸습니다!

사장님, 오늘날 마케팅의 중심은 이제 누구도 부정할 수 없이 '온라인'으로 넘어왔습니다. 그리고 그 온라인 마케팅의 성패는 결국 **'키워드'를 얼마나 잘 찾고, 잘 활용하느냐**에 달려 있다고 해도 과언이 아닙니다.

우리 사장님 사업의 빛나는 가치를 제대로 담아낸 '진짜배기 황금 키워드'를 찾고, 그것을 꾸준히 활용하고 관리하는 것. 이것이 바로 온라인 마케팅의 가장 확실한 시작점이자 성공으로 가는 열쇠입니다.

제20장

사장님, '키워드 도구' 똑똑하게 써먹는 10가지 비법
(feat. 네이버 키워드, 판다랭크, 블랙키위)

사장님, 지난번 이야기에서 온라인 마케팅의 심장이자 성공의 열쇠가 바로 '키워드'라고 귀에 딱지가 앉도록 말씀드렸죠? "아, 그래서 그 중요한 키워드, 대체 어떻게 찾아야 하는 건데? 맨날 감으로만 찍어야 하나?" 하고 답답해하셨을 사장님들을 위해 오늘 제가 아주 특별한 비법을 준비했습니다.

요즘 세상 참 좋아져서, 이 어렵고 막막한 키워드 찾는 일을 획기적으로 도와주는 똑똑한 프로그램들, 우리가 흔히 '키워드 툴(도구)'이라고 부르는 것들이 아주 많습니다. 우리나라 대표 선수인 **네이버 키워드 도구**부터 시작해서, 좀 더 깊이 있는 분석을 도와주는 **판다랭크, 블랙키위** 같은 유료 또는 무료 툴들까지… 이름도 참 다양하고 기능도 각양각색이죠?

그런데 사장님, 아무리 좋은 연장을 손에 쥐어 준다고 해도 그걸 제대로 써먹을 줄 모르면 그냥 창고에 쌓아 두는 비싼 고철덩어리일 뿐입니다. 저도 처음엔 뭐가 뭔지 하나도 몰라서, 이거 깔았다 저거 지웠다

하면서 한참을 헤맸던 기억이 생생합니다.

그래서 오늘은 이 키워드 툴들을 우리 사장님들이 어떻게 하면 **120% 효과적으로 활용해서 우리 가게에 딱 맞는 '돈 되는 황금 키워드'를 쏙쏙 골라낼 수 있는지, 그 구체적인 방법 10단계**를 아주 쉽고 명쾌하게 설명해 드리겠습니다. 자, 지금부터 눈 크게 뜨고 따라오세요!

1단계: '연장'부터 제대로 골라야죠! (나에게 맞는 키워드 툴 선택하기)

가장 먼저, 사장님과 궁합이 잘 맞는 키워드 툴부터 고르셔야 합니다. 마치 요리사가 자기 손에 착 감기는 칼을 고르듯이 말이죠.

- **네이버 키워드 도구 (광고 시스템 내)**: 이건 뭐, 대한민국 온라인 장사하시는 사장님들이라면 기본 중의 기본으로 알고 계셔야 할 툴입니다. 네이버 광고 시스템에 접속하면 무료로 이용할 수 있고요, 특정 키워드의 월간 검색량이나 연관 키워드 등을 파악하는 데 아주 유용합니다.
- **판다랭크, 블랙키위, 그 외 다양한 툴들**: 좀 더 깊이 있는 분석이나 다양한 아이디어를 얻고 싶으시다면 이런 툴들도 한번 살펴보세요. 무료로 제공되는 기능도 있고, 더 많은 정보를 원하면 유료 결제가 필요한 경우도 있습니다. 각 툴마다 보여 주는 정보의 종류(예: 경쟁 강도, 콘텐츠 발행량, 성별/연령별 검색 트렌드 등)나 사용법이 조금

씩 다르니, 이것저것 한번 직접 눌러보시고 사장님 사업에 가장 도움이 될 것 같은 녀석으로 찜해두시는 게 중요합니다. "남들이 다 좋다고 해서 나한테도 무조건 좋은 건 아니더라고요, 사장님!"

2단계~10단계: 키워드 발굴, 이제부터 진짜 실전입니다! (손님을 부르는 마법의 주문 찾기)

자, 마음에 드는 연장을 고르셨다면, 이제 본격적으로 '황금 키워드'라는 보물을 캐러 떠나볼까요? 제가 지금부터 말씀드리는 10단계만 차근차근 따라오시면 됩니다!

1) **첫 삽 뜨기: 씨앗을 뿌리세요 (시드 키워드 입력)** 가장 먼저 사장님 가게와 관련된 가장 기본적이고 대표적인 단어, 즉 '씨앗 키워드(Seed Keyword)'를 선택한 툴에 입력하는 겁니다. 예를 들어, 제가 인천 송도에서 예쁜 수제 레터링 케이크 가게를 운영한다고 가정해 봅시다. 그럼 저의 시드 키워드는 뭐가 될까요? '수제 케이크', '레터링 케이크', '인천 케이크', '송도 주문제작 케이크' 이런 단어들이 바로 시드 키워드가 될 수 있겠죠?

2) **"이거 찾는 사람 많아?" (검색량 확인은 필수!)** 시드 키워드를 입력하면, 툴이 알아서 그와 관련된 다양한 연관 키워드들을 쭉 보여줄 겁니다. 이때 각 키워드 옆에 표시되는 '**월간 검색량(또는 조회**

수)' 숫자를 아주 유심히 보셔야 합니다. 이건 한 달 동안 사람들이 이 키워드를 네이버나 구글 같은 검색엔진에서 몇 번이나 검색해 보는지를 나타내는 수치인데요, 당연히 이 숫자가 높을수록 잠재 고객들의 관심이 뜨겁다는 확실한 증거겠죠?

3) **"이 길은 꽃길? 아니면 가시밭길?" (경쟁 강도 분석)** 검색량이 아무리 많은 '꿀 키워드'라고 해도, 그 키워드로 이미 너무 많은 강력한 경쟁자들이 꽉 잡고 있다면 우리가 비집고 들어가서 상위 노출되기가 하늘의 별 따기만큼 어렵습니다. 그래서 키워드의 '**경쟁 강도**' 또는 '경쟁 수준'도 함께 살펴보는 것이 아주 중요합니다. 대부분의 키워드 툴들이 이 경쟁 강도를 수치나 그래프로 보여 줍니다. 너무 쎈 놈들만 우글거리는 곳은 일단 피하고, 우리가 한번 해 볼 만한 적절한 경쟁 수준의 키워드를 찾는 것, 그게 바로 지혜입니다. "사장님, 계란으로 바위 치기 하실 순 없잖아요?"

4) **숨은 보석을 찾아라! (구매확률 높은 '롱테일 키워드' 발굴)** '케이크'처럼 너무 일반적이고 광범위한 단어보다는, "인천 송도 생일 레터링 케이크 주문 제작"이나 "여자친구 기념일 도시락 케이크 당일 배송"처럼 아주 구체적이고 상세하게 설명하는 긴 키워드, 이걸 전문가들은 '롱테일 키워드(Long-tail Keyword)'라고 부릅니다. 이런 롱테일 키워드는 당장의 검색량은 '케이크' 같은 대표 키워드보다 적을 수 있습니다. 하지만 경쟁은 훨씬 덜 치열하고, 무엇보다 **'이거 진짜 꼭 사야겠다!' 하는 구매 의도가 아주 높은 '진짜**

고객'들이 검색할 확률이 훨씬 높습니다. 우리 가게만의 숨은 보석 같은 존재죠! 이런 롱테일 키워드를 많이 발굴할수록 성공 확률은 쭉쭉 올라갑니다.

5) **"지금 이게 제철인가?" (트렌드 분석으로 흐름 읽기)** 사장님, 유행도 알아야 장사 잘합니다! 네이버 데이터랩(datalab.naver.com)이나 구글 트렌드(trends.google.com) 같은 무료 툴을 이용하면, 특정 키워드가 요즘 얼마나 '핫한지', 아니면 서서히 '한물가고 있는지' 그 인기도의 흐름을 그래프로 한눈에 볼 수 있습니다. 계절에 따라 반짝하는 키워드인지(예: '딸기 생크림 케이크 시즌', '크리스마스 케이크 예약'), 아니면 사계절 내내 꾸준히 사랑받는 스테디셀러 키워드인지 파악하는 거죠. 이런 트렌드를 잘 읽어야 시기에 맞는 마케팅 전략을 짤 수 있습니다.

6) **"옆집 김 사장은 뭘로 손님 끌까?" (경쟁사 키워드 훔쳐보기)** 가끔은 우리 가게와 비슷한 경쟁 가게들이 어떤 키워드를 주로 사용해서 손님들을 끌어모으고 있는지 슬쩍 '염탐(?)'해 보는 것도 아주 큰 도움이 됩니다. 일부 키워드 툴에서는 특정 웹사이트 주소를 입력하면 그곳에서 주로 사용하는 키워드들을 분석해주는 기능도 있습니다. 경쟁사들이 쓰는 키워드를 보면 "아, 요즘 손님들은 이런 스타일을 많이 찾는구나", "이런 새로운 조합의 키워드도 있었네!" 하고 업계의 최신 흐름도 알 수 있고, 우리가 미처 생각하지 못했던 새로운 키워드 아이디어를 얻을 수도 있거든요. "사장님,

벤치마킹도 실력입니다!"

7) **"이런 손님은 정중히 사절합니다!" (네거티브 키워드로 광고비 아끼기)** 혹시 사장님께서 네이버 파워링크나 인스타그램 같은 곳에 유료 키워드 광고를 진행하실 계획이 있으시다면, 우리 가게와 전혀 상관없는 검색어에 우리 광고가 노출되지 않도록 '제외 키워드(네거티브 키워드)'를 꼼꼼하게 설정하는 것이 정말 중요합니다. 예를 들어, 제가 '수제 애견용 생일 케이크'를 파는 가게인데, 그냥 '생일 케이크'라는 키워드로만 광고를 돌리면 일반 사람 생일 케이크를 찾는 손님들에게도 우리 광고가 보여서 광고비만 줄줄 샐 수 있거든요. 이럴 때는 '사람 생일 케이크', '어린이 생일 케이크' 같은 단어들을 제외 키워드로 등록해서 광고 효율을 높여야 합니다. "헛돈 쓰지 않는 똑똑한 방법이죠!"

8) **"끼리끼리 모여라!" (키워드 그루핑으로 효율 UP!)** 이렇게 열심히 키워드들을 발굴하다 보면, 어느새 수십, 수백 개의 키워드들이 쌓여서 정신이 하나도 없으실 겁니다. 그럴 때는 비슷한 성격이나 주제를 가진 키워드들끼리 묶어서 '그룹'으로 관리하면 아주 좋습니다. 예를 들어, '딸기 케이크', '초코 케이크', '생크림 케이크', '티라미수 케이크'는 〈케이크 종류별〉 그룹으로, '인천 케이크 맛집', '송도 주문 케이크', '부평 레터링 케이크'는 〈지역별 케이크〉 그룹으로, '여자친구 생일 케이크', '부모님 환갑 케이크', '어린이집 답례품 케이크'는 〈용도별 케이크〉 그룹으로 묶어 놓는 거죠. 이렇게

키워드를 그루핑해 두면 나중에 블로그 글을 쓰거나 광고 캠페인을 구성할 때 훨씬 체계적이고 효율적으로 작업할 수 있습니다.

9) **농사도 풍년 들려면 계속 살펴야죠? (정기적인 키워드 점검과 업데이트)** 마지막으로, 이렇게 공들여 찾아내고 그룹핑까지 마친 우리 가게의 소중한 키워드들이 계속해서 제 역할을 잘해내고 있는지, 즉 우리 가게에 꾸준히 손님들을 잘 데려오고 있는지 **주기적으로 그 성과를 점검하고, 시장 상황이나 손님들의 검색 트렌드 변화에 따라 새로운 키워드를 추가하거나, 이제는 별 볼일 없어진 '죽은 키워드'는 과감하게 정리하는 작업**도 꾸준히 해 주셔야 합니다. "사장님, 키워드 농사도 부지런해야 풍년이 듭니다!"

키워드 툴은 '요술봉'이 아니라 '농기구'입니다

사장님, 오늘 제가 키워드 툴을 효과적으로 활용하는 10가지 방법에 대해 장황하게 말씀을 드렸습니다. 하지만 이건 어디까지나 '방법'일 뿐이라는 점을 꼭 기억해 주셨으면 좋겠습니다. 이런 키워드 툴들은 우리가 원하는 모든 것을 한 번에 뚝딱 해결해주는 '요술봉'이 절대 아닙니다. 그보다는 우리가 농사를 지을 때 사용하는 **'농기구'** 같은 존재라고 생각하시는 게 더 정확합니다.

가장 중요한 것은, 이 다양한 농기구들(키워드 툴)을 가지고 우리 사장님의 빛나는 사업 아이디어와 날카로운 통찰력, 그리고 손님을 향한 진심을 어떻게 잘 결합해서 활용하느냐입니다. 어떤 씨앗(키워드)을 골라서, 어떤 밭(온라인 채널)에, 어떤 방식으로 심고 정성껏 가꿀지는 결국 우리 사장님의 지혜와 노력에 달려있다는 거죠.

처음에는 이 모든 과정이 조금 어렵고 귀찮게 느껴지실 수 있습니다. 저도 그랬으니까요. 하지만 꾸준한 관심과 노력을 통해 우리 가게만의 '대박 황금 키워드' 전략을 차근차근 만들어가신다면, 분명 온라인 마케팅에서 성공의 달콤한 열매를 풍성하게 거두실 수 있을 겁니다.

제21장

사장님, 네이버 '파워링크'가 '파워'만 믿고 쓰면 '깡통' 됩니다!
(똑똑한 사장님의 파워링크 100% 활용법)

 사장님, 우리 가게 이름이나 주력 메뉴를 네이버에 딱 쳤을 때, 검색 결과 맨 위에 우리 가게가 번쩍! 하고 뜨면 얼마나 좋을까요? 생각만 해도 가슴이 웅장해지지 않으십니까? "아, 저기 한번 들어가 볼까?" 하고 손님들 클릭도 엄청 많이 할 것 같고, 당장이라도 가게 문지방이 닳도록 손님이 몰려와서 매출이 쑥쑥 오를 것 같은 그런 기분! 네, 사장님. 솔직히 저도 처음엔 그런 달콤한 꿈을 꿨습니다.
 바로 그 꿈을 현실로 만들어주는 네이버의 대표적인 검색광고 서비스가 있으니, 그 이름도 위풍당당한 '파워링크'입니다. 말 그대로 네이버 검색창 맨 위에, 그것도 여러 개가 아니라 손님들 눈에 가장 먼저, 가장 잘 띄는 바로 그 '명당 중의 명당' 자리에 우리 가게 홈페이지나 스마트스토어, 블로그 링크를 떡하니 걸어주는 거죠.
 "와, 그거 완전 좋은 거 아니야? 당장 해야겠네!" 물론 좋은 도구임에는 틀림없습니다. 하지만 사장님, 이 파워링크가 '돈만 내면 다 되는 거 아니야?' 하고 단순하게 생각하셨다가는, 비싼 광고비만 실컷 내고 효과는 하나도 못 보는, 그야말로 '밑 빠진 독에 물 붓기'가 될 수도 있습니다. 제가 바로 그 산증인입니다. (눈물)

그래서 오늘은 이 파워링크가 도대체 뭐하는 물건인지, 어떤 신통방통한 특징들이 있으며, 어떻게 해야 우리 사장님들이 소중한 광고비를 한 푼이라도 아끼면서 '가성비 최고'로 잘 써먹을 수 있는지, 제 쓰라린 실패 경험과 성공 노하우를 바탕으로 속 시원하게! 아주 그냥 뼛속까지! 알려드리겠습니다.

1. '파워링크', 너 대체 정체가 뭐냐? (네이버 검색광고의 대표 선수 심층 분석)

자, 그럼 이 파워링크라는 녀석, 어떤 특징들을 가지고 있는지 한번 자세히 들여다볼까요?

1) **노출 위치 (그야말로 '명당 중의 명당'!)**: 사장님도 네이버 검색 많이 해 보셨죠? 파워링크 광고는 네이버 검색 결과 페이지의 맨 꼭대기, 그것도 사용자의 시선이 가장 먼저 머무는 바로 그 황금 자리에 노출됩니다. 일단 사람들 눈에 가장 잘 띄니, 클릭률도 높을 수밖에 없겠죠?

2) **과금 방식 (클릭 안 하면 공짜! 'CPC' 방식)**: 이거 아주 중요합니다. 파워링크는 CPC(Cost Per Click, 클릭당 비용) 방식으로 돈이 나갑

니다. 즉, 손님이 우리 가게 광고를 보고 '클릭'해서 우리 홈페이지나 스마트스토어로 실제로 들어왔을 때만 광고비가 발생합니다. 그냥 광고가 눈에 보이기만 한 것(노출)만으로는 비용이 청구되지 않으니, 비교적 합리적이라고 할 수 있겠죠?

3) **입찰 시스템 (일종의 '경매 방식', 하지만 돈이 전부는 아닙니다!):** 사장님들께서는 광고하고 싶은 키워드(예: '인천 논현동 맛집')에 대해 "우리 가게 광고, 이 키워드에 이 정도 가격으로 올릴래요!" 하고 일종의 입찰(경매)을 하게 됩니다. 물론 더 높은 금액을 써낸 광고주의 광고가 더 좋은 자리에 올라갈 확률이 높아지긴 합니다만, 그게 전부는 아닙니다.

4) **품질지수 (네이버의 '깐깐한' 광고 심사 기준):** 네이버가 바보가 아닙니다, 사장님. 아무리 돈을 많이 낸다고 해도, 광고 내용이 엉망진창이거나 검색한 사람이랑 전혀 상관없는 낚시성 광고라면 좋은 자리에 안 올려 줍니다. 네이버는 '품질지수'라는 자체 평가 시스템을 통해 광고와 해당 키워드의 관련성, 광고 문구의 매력도, 광고를 클릭했을 때 연결되는 페이지(랜딩 페이지)의 품질 등을 종합적으로 평가합니다. 그래서 이 품질지수가 높아야 적은 비용으로도 더 좋은 자리에 광고를 올릴 수 있습니다. 즉, **돈만으로는 안 되고 '광고의 질'도 중요하다**는 말씀!

5) **타겟팅 옵션 (우리 동네, 진짜 우리 손님만 콕! 집어서 광고 가능):** 아무한테나 광고 보여 주면 소중한 광고비만 아깝잖아요? 파워링

크는 아주 다양한 타겟팅 옵션을 제공합니다. **지역**(예: 인천시 남동구 논현동), **시간대**(예: 점심시간 직전), **요일**(예: 주말), 심지어 **성별**이나 **연령**까지 기준으로 해서 광고를 보여줄 대상을 아주 세밀하게 설정할 수 있습니다. 이렇게 하면 정말 우리 가게에 올 만한 '진짜 잠재 고객'들에게만 광고를 집중적으로 보여 줄 수 있으니, 광고 효율이 확 올라가겠죠?

6) **실시간 수정 (맘에 안 들면? 광고 문구, 입찰가 바로바로 변경 가능!)**: 광고를 하다 보면 "어? 이 광고 문구 영 별로인데?", "입찰 가격을 조금 올리거나 내려야겠는데?" 하는 순간이 옵니다. 파워링크는 이런 변경 사항들을 실시간으로, 아주 즉각적으로 수정할 수 있습니다. 시시각각 변하는 시장 상황이나 경쟁사 움직임에 맞춰서 아주 빠르게 대응할 수 있다는 큰 장점이 있죠.

7) **상세한 성과 리포트 (내 광고, 얼마나 잘했나? 매일매일 성적표 제공!)**: 네이버는 광고주들에게 아주 상세한 광고 성과 리포트를 제공합니다. 우리 광고가 몇 번이나 노출되었는지, 그중 몇 번이나 클릭이 일어났는지, 클릭률(CTR)은 얼마나 되는지, 클릭 한 번당 평균 얼마의 비용이 들었는지 등등… 마치 학교 다닐 때 받던 성적표처럼 아주 자세한 데이터를 매일매일 확인할 수 있습니다. 이 성적표를 꼼꼼히 분석해야 우리 광고가 지금 잘하고 있는지, 아니면 뭔가 문제가 있는지 정확히 파악하고 개선할 수 있겠죠?

2. '파워링크' 제대로 써먹는 7가지 필승 전략! (돈 아깝지 않게, 효과는 최대로 뽑아내는 법)

자, 파워링크의 특징을 알았으니 이제 본격적으로 어떻게 하면 이 녀석을 제대로 써먹을 수 있을지, 그 필승 전략 7가지를 알려 드리겠습니다. 제가 직접 광고비 태워 가며 얻은 꿀팁들이니 꼭 기억해 두세요!

1) **키워드 선정 (낚싯대와 미끼를 신중하게 고르세요!)**: 이게 정말 가장 중요합니다! 우리 가게와 딱 맞는, 그리고 진짜 손님들이 검색할 만한 '알짜배기 키워드'를 골라야 합니다. '맛집', '카페'처럼 너무 뻔하고 경쟁이 치열한 대표 키워드는 광고비만 비싸고 효과는 별로일 수 있습니다. 지난 시간에 배운 것처럼, 아주 구체적이고 구매 의도가 명확한 **'롱테일 키워드'** (예: '인천 논현동 조용한 스터디 카페', '송도 애견동반 브런치 맛집')도 반드시 섞어서 사용하셔야 합니다. 그리고 "이런 검색어에는 우리 광고 절대 안 나갔으면 좋겠다!" 하는 **'제외 키워드'** (예: '애견 카페'를 운영하는데 '고양이 카페'는 제외)도 꼼꼼하게 설정해서 소중한 광고비가 새나가는 것을 막으셔야 합니다.
2) **광고 문구 작성 (손님 마음을 확! 사로잡는 마법의 한 줄!)**: 파워링크 광고는 노출되는 공간이 아주 작습니다. 그래서 짧지만 강력하게, 손님의 시선을 단번에 사로잡는 광고 문구를 만드는 것이

핵심입니다. 손님이 뭘 원하는지 그 가려운 곳을 정확히 짚어 주고, "이거다!" 싶은 우리 가게만의 특별한 매력(예: '오늘만 특가 할인!', '네이버 예약 시 음료 서비스!')을 확실하게 보여 줘야 합니다. 그리고 마지막에는 '지금 바로 클릭하세요!', '예약 필수!' 같은 행동 유도 문구(Call to Action)를 살짝 넣어 주는 센스도 잊지 마시고요!

3) **랜딩 페이지 최적화 (광고 클릭 후 '첫인상'이 모든 것을 결정합니다!)**: 손님이 어렵게 우리 광고를 클릭하고 들어왔는데, 연결된 홈페이지나 스마트스토어가 너무 느리거나, 뭐가 뭔지 하나도 모르겠고, 주문하기도 복잡하면 어떻게 될까요? 네, 그냥 1초 만에 창 닫고 나가 버립니다. 비싼 광고비만 날리는 거죠. 그래서 광고를 클릭하고 들어왔을 때 손님이 보게 되는 **첫 페이지(랜딩 페이지)를 아주 깔끔하고 보기 쉽게, 그리고 원하는 정보를 바로 찾을 수 있도록 최적화**하는 것이 정말 중요합니다. 페이지 로딩 속도는 최대한 빠르게! 스마트폰에서도 글씨 깨지거나 버튼 안 눌리는 일 없도록 모바일 환경도 반드시 확인하시고요!

4) **예산 관리 (총알은 항상 아껴 써야 합니다, 사장님!)**: 파워링크는 CPC 방식이라 클릭할 때마다 돈이 나가죠. 그래서 예산 관리를 잘 못하면 순식간에 광고비가 바닥날 수 있습니다. 처음부터 너무 많은 돈을 쓰지 마시고, **하루에 쓸 수 있는 예산, 또는 한 달 총예산을 정해 두고 조금씩 시작해서 성과를 보면서 점차 늘려 나가는**

방식이 안전하고 현명합니다. 그리고 성과가 좋은 키워드에는 예산을 좀 더 몰아 주고, 영 별로인 키워드는 과감하게 예산을 줄이거나 광고를 중단하는 등, 이렇게 탄력적으로 예산을 운영하셔야 합니다. "사장님, 광고도 결국 돈 놓고 돈 먹기인데, 아무 데나 총알 낭비할 순 없잖아요?"

5) **A/B 테스트 (어떤 게 더 잘 먹힐까? 끝없는 비교 실험!)**: "이 광고 문구가 좋을까, 저 광고 문구가 좋을까?", "랜딩 페이지를 이렇게 바꾸면 구매가 더 많이 일어날까?" 이런 고민, 광고하다 보면 끝도 없이 하게 됩니다. 이럴 때 필요한 것이 바로 **A/B 테스트**입니다. 예를 들어, 광고 문구 A안과 B안 두 가지를 만들어서 동시에 광고를 돌려보고 어떤 문구가 클릭률이 더 높은지, 어떤 문구를 통해 들어온 손님들이 실제 구매까지 이어지는지 직접 비교해 보는 겁니다. 랜딩 페이지도 마찬가지고요. 이렇게 끊임없이 비교하고 테스트하면서 더 좋은 방법을 찾아가는 과정이 바로 광고 성과를 높이는 비결입니다.

6) **경쟁사 모니터링 (옆집 김 사장은 요즘 뭐하나? 예의주시!)**: 사장님, 우리 경쟁 가게들은 어떤 키워드로 광고를 하고 있고, 어떤 광고 문구를 쓰고 있으며, 어떤 이벤트를 하고 있는지 항상 예의주시하셔야 합니다. 그들이 잘하고 있는 건 배우고, 부족한 점은 우리가 치고 들어갈 기회로 삼아야죠. 경쟁사 광고를 꾸준히 모니터링하다 보면 우리 광고 전략을 어떻게 짜야 할지, 시장의 흐름은

어떤지 파악하는 데 큰 도움이 됩니다. "지피지기면 백전백승! 광고 전쟁도 마찬가지입니다."

7) **시즌별 전략 (계절 장사, 이벤트 장사 미리미리 준비하세요!)**: 우리 가게가 계절이나 특정 이벤트에 영향을 많이 받는 업종이라면, 그에 맞춘 키워드와 광고 문구를 미리미리 준비해 두는 것이 아주 효과적입니다. 예를 들어, 여름에는 '인천 송도 시원한 냉면 맛집', '팥빙수 배달', 겨울에는 '따끈한 국물요리 전문점', '연말 회식장소 추천', 크리스마스 시즌에는 '특별한 데이트 코스', '분위기 좋은 레스토랑 예약' 이런 식으로 말이죠. 미리 준비하는 사장님만이 특별한 시즌의 대박 기회를 잡을 수 있습니다.

3. 파워링크, '만병통치약'은 절대 아닙니다 (사장님께 드리는 쓴소리도 좀 할게요)

사장님, 오늘 제가 파워링크의 좋은 점과 활용 전략에 대해 신나게 말씀드렸지만, 사실 이 파워링크가 모든 것을 해결해 주는 '만병통치약'은 절대 아니라는 점을 꼭 명심하셔야 합니다. 오히려 잘못 사용하면 독이 될 수도 있거든요.

- **"한번 설정해 놓고 끝? 절대 안 됩니다!" (지속적인 관리와 최적화는 필수!)**: 파워링크 광고는 한번 설정해 놓고 그냥 방치해 두면 절대

안 됩니다. 광고 성과 리포트를 매일, 혹은 최소한 며칠에 한 번씩은 꼭 들여다보면서 어떤 키워드에서 효과가 좋은지, 어떤 광고 문구가 클릭을 잘 받는지, 불필요하게 돈만 새고 있는 부분은 없는지 계속해서 점검하고 개선해 나가야 합니다. "사장님, 광고도 살아 있는 생물과 같아요. 계속 관심 갖고 돌봐 줘야 무럭무럭 자랍니다."

- **"파워링크만 믿고 있다가는 롱런하기 어렵습니다!" (다른 마케팅과 함께 가야 합니다)**: 파워링크는 당장 눈에 보이는 효과는 빠를 수 있지만, 장기적으로 안정적인 고객을 확보하고 우리 가게 브랜드를 키우려면 이것만으로는 부족합니다. 네이버 지도 순위를 올리기 위한 **SEO(검색엔진 최적화)** 작업도 꾸준히 하셔야 하고, 우리 가게만의 매력을 보여 줄 수 있는 **블로그나 인스타그램 같은 콘텐츠 마케팅도** 병행하셔야 합니다. 왜냐고요? 광고는 돈 떨어지면 바로 그 순간 효과도 함께 사라지지만, 잘 키운 SEO나 콘텐츠는 돈 안 들이고도 꾸준히 손님을 데려오는 효자 노릇을 하거든요.

- **"가장 중요한 경고! '과도한 의존'은 금물입니다!" (광고 중단하면 손님도 뚝 끊길 수 있어요)**: 이게 제가 가장 드리고 싶은 말씀입니다. 파워링크에 너무 의존하다 보면, 경쟁이 치열해지면서 광고비가 감당 안 될 정도로 계속 올라갈 수도 있고, 최악의 경우 광고를 딱 멈추는 순간 손님들 발길도 마법처럼 뚝 끊겨 버리는 아주 위험한 상황에 처할 수 있습니다. 그래서 파워링크 광고와는 별개로, 돈 안 들이고도 네이버 검색 결과에 우리 가게가 자연스럽게 잘 노출될 수

있도록 하는 노력(자연 검색 순위 상승을 위한 노력)도 반드시 함께, 꾸준히 해 나가셔야 합니다.

파워링크는 '단기전의 명사수', 장기 전략과 함께 써야 '백전백승'!

사장님, 오늘 파워링크에 대한 이야기, 어떠셨나요? 파워링크는 당장 급한 불을 끄거나, 특정 시기에 손님을 확 끌어모으는 데는 정말 효과적이고 유용한 '전술적 도구'임에는 틀림없습니다. 마치 전쟁터에서 단숨에 적진을 돌파하는 '명사수' 같다고나 할까요?

하지만 전체 전쟁에서 승리하고 오랫동안 살아남으려면, 명사수 한 명만으로는 부족합니다. 장기적인 안목을 가지고 다양한 무기와 전략을 함께 구사해야 합니다. 파워링크를 우리 가게 전체 디지털 마케팅이라는 큰 그림의 한 조각으로 현명하게 활용하시고, 동시에 꾸준한 SEO 작업과 진정성 있는 콘텐츠 마케팅을 통해 우리 가게만의 튼튼한 성을 쌓아 나가시기를 바랍니다.

제22장

사장님, 네이버 플레이스, '간판'도 갈고 '전단지'도 돌리셔야죠!
(플레이스 최적화와 소상공인 광고 200% 활용법)

사장님, 요즘 손님들이 약속 장소 정할 때, 점심 메뉴 고를 때, 하다못해 길 가다가도 "어, 이 근처에 뭐 괜찮은 데 없나?" 하고 가장 먼저 뭘 꺼내 드시나요? 네, 맞습니다. 바로 스마트폰이죠! 그리고 그 스마트폰 안에서 가장 먼저 찾는 건 뭐겠습니까? 열에 아홉은 **네이버 지도, 그리고 네이버 검색창**일 겁니다.

이처럼 네이버 플레이스는 이제 우리 가게의 '온라인 얼굴'이자 손님들이 우리 가게를 처음 만나는 '가장 중요한 첫인상'이 되었습니다. 그런데 이 중요한 온라인 간판을 그냥 먼지 쌓이도록 내버려 두시거나, 대충 아무렇게나 꾸며 놓으시면 손님들이 과연 우리 가게에 매력을 느낄까요? 절대 아니겠죠.

그래서 오늘은 우리 사장님들이 이 네이버 플레이스라는 온라인 간판을 어떻게 하면 손님들 눈에 번쩍 뜨이도록 반짝반짝 윤나게 닦을 수 있는지, 그 **'플레이스 최적화'** 비법과, 그렇게 잘 닦아 놓은 우리 가게 간판을 더 많은 동네 손님들 눈에 확실하게 각인시킬 수 있는 일종의

'온라인 전단지'이자 '확성기' 역할을 하는 '네이버 플레이스 소상공인 광고'를 어떻게 하면 200% 효과적으로 사용할 수 있는지, 그 모든 것을 한 번에! 아주 속 시원하게! 알려 드리겠습니다.

1부: 우리 가게 '온라인 간판(네이버 스마트플레이스)', 이렇게 만들어야 손님이 끌립니다!

사장님, 네이버 플레이스 소상공인 광고를 하시든 안 하시든, 가장 먼저 하셔야 할 일은 우리 가게의 **'네이버 스마트플레이스' 정보를 아주 그냥 끝내주게 잘 꾸며 놓는 것**입니다. 이게 바로 우리 가게의 온라인 본진이자 얼굴이니까요. 손님들이 광고를 보고 찾아오든, 검색해서 찾아오든, 결국 이 스마트플레이스 페이지를 보고 "아, 이 가게 가 봐야겠다!" 혹은 "에이, 별로네…" 하고 최종 결정을 내리게 됩니다. 그럼 어떻게 해야 손님들 마음을 확 사로잡는 플레이스 페이지를 만들 수 있을까요?

(1) 손님을 끌어당기는 '매력 만점' 플레이스 페이지의 핵심 조건

1) **정확하고 상세한 정보는 기본 중의 기본!:** 가게 위치, 정확한 주소, 전화번호, 주차 가능 여부, 영업시간(브레이크 타임 포함), 정기 휴무일, 임시 휴무일 공지 등… 손님들이 헛걸음하거나 실망하지 않도록 모든 정보를 항상 최신으로, 그리고 아주 정확하게 입력해 두셔야 합니다.

2) **백 마디 말보다 강력한 '매력적인 비주얼'!**: 우리 가게의 대표 메뉴 사진은 누가 봐도 군침이 꼴깍 넘어가도록 먹음직스럽게! 가게 내부와 외부 전경 사진은 손님들이 "와, 여기 분위기 좋은데? 한번 가 보고 싶다!" 하고 느낄 수 있도록 깨끗하고 특색 있게! 요즘 손님들은 글보다는 사진 보고 먼저 판단합니다. 스마트폰으로 대충 어둡고 흔들리게 찍은 사진은 절대 금물입니다!

3) **실시간 업데이트로 살아있는 가게 만들기!**: 오늘만 하는 특별 할인 이벤트, 새로 나온 따끈따끈한 신메뉴, 갑작스러운 임시 휴무 공지 등… 가게의 모든 소식은 실시간으로 바로바로 업데이트해서 손님들에게 항상 가장 정확하고 신선한 정보를 제공해야 합니다. "어? 어제는 없던 메뉴가 새로 나왔네?" 하는 즐거움을 선사하는 거죠.

4) **손님과의 거리를 좁히는 '활발한 소통의 장'!**: 네이버 예약이나 주문 기능을 적극적으로 활용해서 손님들의 편의를 높여 주고, 무엇보다 손님들이 남겨 주신 소중한 리뷰와 평점에 진심으로 귀 기울이고 적극적으로 소통하는 모습을 보여 줘야 합니다. 이게 바로 살아 있는 가게, 정이 가는 가게를 만드는 비결입니다.

(2) '온라인 간판'을 더욱 빛나게 닦는 8가지 핵심 전략

자, 그럼 이 매력적인 플레이스 페이지를 만들기 위한 구체적인 8가지 전략을 알려 드리겠습니다.

1) **정확한 기본 정보 입력은 생명줄입니다!** (오타 하나가 손님 한 명을 놓칠 수 있습니다.)
2) **고품질 사진은 백만 대군보다 낫습니다!** (음식 사진, 가게 분위기 사진에 사활을 거세요!)
3) **검색에 잘 걸리도록 '키워드'를 곳곳에 심어 두세요!** (가게 설명, 대표 메뉴 소개, 새소식 등에 자연스럽게!)
4) **'리뷰'는 고객과의 소중한 대화창, 칭찬도 불만도 적극적으로 관리하고 소통하세요!** (사장님의 진심이 느껴지도록!)
5) **'이벤트/프로모션' 정보로 끊임없이 관심을 유도하세요!** (새로운 소식은 늘 환영받습니다.)
6) **'네이버 예약/주문' 기능은 고객 만족도를 쭉쭉 올립니다!** (쓸 수 있는 업종이라면 무조건 활용하세요!)
7) **'블로그/포스트' 등 콘텐츠 연동으로 가게의 신뢰도를 높이세요!** (우리 가게만의 스토리를 들려 주세요.)
8) **'모바일 화면' 최적화는 이제 선택이 아닌 기본 매너입니다!** (대부분의 손님은 스마트폰으로 우리 가게를 만납니다.)

2부: 잘 닦은 간판, 이제 '동네방네 소문' 내야죠! (네이버 플레이스 소상공인 광고 200% 활용법)

자, 이렇게 우리 가게 온라인 간판(스마트플레이스)을 아주 그냥 번쩍번쩍 윤이 나도록 잘 닦아 놓으셨다면, 이제 이걸 더 많은 우리 동네 손님들 눈에 확실하게 띄도록 만들어야겠죠? 아무리 간판이 예뻐도, 골목 안쪽에 숨어 있으면 누가 알아주겠습니까? 가만히 앉아서 손님이 찾아오기만 기다리는 시대는 이미 끝났습니다, 사장님!

이때 필요한 것이 바로 '네이버 플레이스 소상공인 광고'라는 아주 효과적인 '온라인 전단지'이자 '확성기'입니다! 이건 큰돈 안 들이고도 우리 가게 주변의 네이버 이용자들에게 "우리 가게 여기 있어요! 오늘 특별 할인해요! 신메뉴 나왔어요! 한번 놀러 오세요!" 하고 배너 형태로 광고를 띄워 주는 아주 착하고 고마운 녀석입니다.

(1) '네이버 플레이스 소상공인 광고'만의 특별한 매력, 뭐가 있을까요?

1) **"우리 동네 진짜 손님만 골라서 저격!" (정교한 지역 타겟팅)**: 광고비 헛되이 쓰지 않고, 진짜 우리 가게에 올 만한 동네 손님들에게만 광고를 집중적으로 보여 주니 얼마나 효율적입니까!
2) **"사장님 주머니 사정 생각하는 착한 광고비!" (저비용 고효율의 끝판왕)**: 적은 예산으로도 우리 가게를 효과적으로 알릴 수 있다는 게 이 광고의 가장 큰 장점입니다. 가성비 최고죠!

3) **"네이버 쓰는 우리 동네 사람들에겐 다 보인다!" (다양한 노출 위치 - 배너 형태)**: 네이버 검색 결과, 지도, 뉴스, 블로그, 카페 등 우리 동네 사람들이 네이버를 이용하는 곳곳에 우리 가게 광고 배너가 자연스럽게 노출될 수 있습니다.
4) **"광고 배너만 봐도 가게 정보가 한눈에!" (앞서 잘 꾸민 스마트플레이스 정보가 광고로 자동 연동)**: 사장님께서 스마트플레이스에 정성껏 입력해 두신 가게 정보(영업시간, 대표 메뉴, 위치 등)가 광고 배너에 쏙!
5) **"믿음직한 후기는 최고의 지원군!" (앞서 잘 관리한 리뷰/평점이 광고 효과 UP!)**: 광고 배너를 클릭하면 우리 가게 플레이스 페이지로 연결되는데, 거기에 쌓인 좋은 리뷰와 높은 별점은 손님들의 구매 결정을 확실하게 밀어줍니다.
6) **"가게 소식, 실시간으로 광고에 반영 가능!" (앞서 잘 업데이트한 실시간 가게 소식이 광고로!)**: 오늘만 하는 특별 이벤트, 갑작스러운 휴무 공지 등 스마트플레이스에 업데이트한 내용이 광고에도 반영될 수 있으니, 항상 최신 정보로 손님을 맞이할 수 있습니다.

(2) '소상공인 광고' 집행 시 효과를 더욱 끌어올리는 추가 팁!

- **광고 목표를 명확히 하세요!** (단순히 가게를 알리는 게 목적인지, 특정 이벤트나 신메뉴를 홍보하는 게 목적인지에 따라 광고 내용과 이미지가 달라져야 합니다.)

- 클릭을 부르는 '광고 소재(배너)'에 신경 쓰세요! (스마트플레이스 정보도 중요하지만, 일단 광고 배너 자체가 눈에 확 띄고 클릭하고 싶게끔 매력적으로 만들어야겠죠?)
- 적은 돈이라도 소중하게! 예산 설정과 성과 분석은 필수! (광고 성과를 꾸준히 체크하면서 예산을 효율적으로 조절하고, 어떤 광고 소재가 효과가 좋은지 계속해서 파악하고 개선해 나가야 합니다.)

3부: 온라인은 '시작'일 뿐, 진짜 승부는 '가게 안'에서 펼쳐집니다! (종합적인 주의사항 및 사장님께 드리는 당부)

사장님, 오늘 네이버 플레이스 최적화 방법부터 소상공인 광고 활용법까지 정말 많은 이야기를 드렸습니다. 이것만 잘해도 우리 가게 온라인 마케팅은 절반 이상 성공한 거라고 감히 말씀드릴 수 있습니다. 하지만, 여기서 우리가 절대 잊지 말아야 할, 어쩌면 가장 중요한 것들이 몇 가지 있습니다.

1) **"한번 하고 땡"은 절대 금물입니다!** (지속적인 관리와 업데이트는 **사장님의 숙명**): 네이버 플레이스 정보든, 소상공인 광고든, 한번 멋지게 세팅해 놓고 그냥 손 놓고 계시면 그 효과는 점점 떨어질 수밖에 없습니다. 가게 정보는 항상 최신으로 유지하고, 새로운 소식도 부지런히 올리고, 손님들 리뷰에도 정성껏 답글 달고⋯ 광

고 성과도 꾸준히 체크하고 개선하고… 이 모든 것이 사장님의 숙명이라고 생각하시고 꾸준히 관리하셔야 합니다.

2) **"'이것 하나면 모든 게 다 해결된다?'는 위험한 착각은 금물입니다!" (다른 온라인 마케팅과의 시너지 효과를 노리세요)**: 네이버 플레이스와 소상공인 광고가 아무리 훌륭한 도구라고 해도, 이것만으로는 온라인 마케팅의 모든 것을 해결할 수 없습니다. 필요하다면 네이버 파워링크 같은 검색광고나, 인스타그램이나 유튜브 같은 SNS 마케팅, 그리고 꾸준한 블로그 콘텐츠 마케팅 등 우리 가게 상황과 예산에 맞는 다른 온라인 마케팅 전략들과 함께 똑똑하게 버무려서 시너지 효과를 내는 것이 중요합니다. 하나만 파는 것보다, 여러 가지를 잘 조합해서 다각도로 우리 가게를 알려야 더 많은 손님을 끌어모을 수 있습니다.

3) **"가장 중요한 것은 절대 변하지 않습니다! 결국 최고의 '오프라인 서비스 품질'이 답입니다!"**: 사장님, 이게 오늘 제가 사장님께 드리고 싶은 가장 핵심적인, 그리고 어쩌면 가장 당연하고도 어려운 말씀입니다. 아무리 네이버 플레이스 페이지를 예술처럼 꾸며놓고, 소상공인 광고를 기가 막히게 잘 돌려서 수많은 손님들을 우리 가게 문 앞까지 데려왔다고 한들, 막상 그 손님들이 가게 문을 열고 들어왔는데 음식 맛이 형편없고, 서비스가 엉망이고, 가게 안이 지저분하면 어떻게 될까요? 네, 그걸로 그냥 끝입니다. 두 번 다시는 안 오겠죠. 오히려 온 동네방네 "그 가게 절대 가지 마세

요!" 하고 안 좋은 소문만 퍼뜨리고 다닐 겁니다.

네이버 플레이스, 사장님의 '온라인 본진'이자 '최강의 아군'으로 만드세요!

사장님, 네이버 플레이스라는 우리 가게의 '온라인 본진'을 튼튼하고 매력적으로 구축하고, 그 본진을 더 많은 사람들에게 알리는 '소상공인 광고'라는 든든한 지원군을 효과적으로 활용해서 새로운 손님들을 적극적으로 유치하십시오.

그리고 그렇게 우리 가게를 찾아주신 모든 손님들에게 최고의 맛과 진심이 담긴 감동적인 서비스를 선사하십시오. 그리하여 그분들이 자발적으로 우리 가게의 열렬한 팬이자 홍보대사가 되어, 주변 사람들에게 칭찬을 아끼지 않고 또 다른 새로운 손님들을 계속해서 데려오게 만드는 이 아름다운 '선순환 구조'! 이것이야말로 우리 모든 자영업자 사장님들이 꿈꾸는 '동네 1등 대박 가게'로 가는 가장 확실하고도 유일한 지름길 아니겠습니까?

사장님, 온라인 마케팅이 어렵고 복잡하다고 지레 겁먹거나 포기하지 마시고, 오늘 제가 알려 드린 방법들을 우리 가게 상황에 맞게 하나씩 차근차근 실천해 보시기를 바랍니다. 분명 사장님의 소중한 가게에 좋은 결과가 있으리라고 저는 확신합니다.

제23장

사장님, '체험단'으로 우리 가게 '입소문' 제대로 내는 법!
(feat. 사기꾼 업체 피하는 꿀팁)

사장님, 요즘 손님들 어디 식당 한번 가려고 해도, 미용실 한번 가려고 해도, 제일 먼저 뭐부터 확인하는지 아시죠? 네, 맞습니다. 바로 '진짜 다녀온 사람들의 생생한 후기'입니다. 아무리 우리가 가게 앞에 "우리 가게 대한민국 최고 맛집!", "인생 머리 만들어 드립니다!" 하고 큼지막하게 써 붙여 놔도, 실제 손님 한 명이 온라인에 남긴 "여기 진짜 맛있어요! 인생 맛집 등극!", "사장님 손은 금손! 머리 너무 마음에 들어요!" 하는 진솔한 리뷰 하나가 훨씬 더 강력한 힘을 가지는 시대입니다.

그래서 많은 사장님들이 이 '입소문'을 만들어내기 위해 '체험단 마케팅'이라는 걸 하시죠. 영향력 있는 블로거나 인스타그램 인플루언서, 혹은 우리 가게에 관심 있는 일반 손님들을 우리 가게에 특별히 초대해서 맛있는 음식을 대접하거나 멋진 서비스를 제공하고, 그분들이 그 경험을 바탕으로 솔직하고 매력적인 후기를 온라인(블로그, 인스타그램, 유튜브, 지역 맘카페 등)에 남기도록 하는 겁니다.

그런데 사장님, 이 체험단 마케팅, 잘하면 정말 엄청난 효과를 보는

'약'이 되지만, 어설프게 하거나 나쁜 업체를 잘못 만나면 오히려 돈만 날리고 속만 상하는 '독'이 될 수도 있습니다. 그래서 오늘은 이 체험단 마케팅을 사장님께서 직접 발로 뛰며 알뜰하게 진행하시는 방법부터, 믿을 만한 전문 업체를 골라서 맡길 때 반드시 주의해야 할 점, 그리고 진짜 효과를 보려면 궁극적으로 어떻게 해야 하는지, **제 쓰라린 실패 경험과 약간의 성공 노하우를 꾹꾹 눌러 담아** 낱낱이 파헤쳐 드리겠습니다.

1. '내 손으로 직접!' 알뜰살뜰 체험단 셀프 운영법 (큰돈 안 들이고 입소문 내기)

"사장님, 저 마케팅에 쓸 돈이 별로 없는데요…" 하시는 분들께 가장 먼저 추천해 드리는 방법입니다. 이 방법의 가장 큰 장점은 역시 '비용 절감'이죠! 사장님의 소중한 시간과 노력만 있다면, 큰돈 들이지 않고도 얼마든지 만족스러운 효과를 보실 수 있습니다.

(1) 체험단, 어디서 어떻게 직접 모집할 수 있을까요?

1) **네이버 카페 & 체험단 전문 사이트 활용**: 네이버에 '체험단 모집', '블로그 체험단', '인스타 체험단' 같은 키워드로 검색하시면, 체험단을 모집하고 참여하려는 사람들이 모여 있는 수많은 카페나 전문 웹사이트들이 나옵니다. 이런 곳에 가입하셔서 사장님 가게의

체험단 모집 공고를 무료로, 혹은 아주 저렴한 비용으로 올릴 수 있습니다.

2) **우리 가게 SNS 계정 적극 활용**: 혹시 인스타그램이나 페이스북, 유튜브 같은 소셜 미디어 채널을 운영하고 계신가요? 그렇다면 바로 그곳이 훌륭한 체험단 모집 플랫폼이 될 수 있습니다! "우리 가게 빛내 줄 반짝반짝 체험단 모집!" 하고 매력적인 공고를 올리고, 기존 팔로워들의 적극적인 참여를 유도하는 거죠. 이건 우리 가게 '찐팬'을 만들고 단골손님을 확보하는 데도 아주 좋은 방법입니다.

3) **우리 동네 커뮤니티 집중 공략**: 사장님, 우리 가게의 주 고객은 결국 우리 동네 주민들 아니겠습니까? 우리 동네 '맘카페'나 지역 주민들이 모이는 온라인 커뮤니티 게시판, 요즘 많이들 쓰시는 **당근마켓의 '동네생활'** 같은 곳도 아주 훌륭한 체험단 모집 채널입니다. 진짜 우리 동네 손님들이 많이 보기 때문에, 잘만 활용하면 바로 매출로 이어지는 효과를 톡톡히 보실 수 있습니다.

4) **아날로그 감성, 오프라인 홍보도 의외의 한 수!**: 온라인 시대라고 해서 오프라인 홍보를 무시하시면 안 됩니다. 가게 앞에 "○○○ 맛집 특별 체험단 모집! 자세한 내용은 QR코드 스캔!" 같은 안내문을 붙여 놓거나, 계산대에 작은 모집 안내 전단지를 비치해두는 것도 의외의 홍보 효과를 가져올 수 있습니다. 지나가던 손님이나 계산하던 손님이 "어? 이거 한번 해 볼까?" 하고 관심을 가질 수 있거든요.

(2) 하지만, 셀프 체험단의 숨겨진 함정: 시간과 노력은 사장님 몫!

사장님, 세상에 공짜 점심은 없다고 하죠? 셀프 체험단 운영은 분명 비용은 아낄 수 있지만, 그 대신 **사장님의 소중한 시간과 엄청난 노력이 필요하다는 점**을 반드시 기억하셔야 합니다.

- 체험단 모집 공고 작성하고 여러 곳에 올리기
- 수많은 신청자들 중에서 우리 가게와 잘 맞는 리뷰어 꼼꼼하게 선정하기
- 선정된 리뷰어들과 방문 일정 일일이 조율하기
- 리뷰어 방문 시 친절하게 응대하고 우리 가게의 매력 어필하기
- 체험 기간 후 리뷰가 약속한 날짜에 제대로 올라왔는지 일일이 확인하기
- 리뷰 내용이 너무 성의 없거나, 빠뜨린 내용은 없는지, 혹시라도 부정적인 내용은 없는지 검토하기
- 약속한 가이드라인(예: 필수 키워드 포함, 사진 개수 등)에 맞춰 잘 작성되었는지 확인하기
- 우수 리뷰어에게는 추가적인 혜택 제공 등 사후 관리까지…

이 모든 과정을 사장님 혼자, 혹은 직원 한두 명과 함께 직접 다 처리하셔야 합니다. 솔직히 말씀드리면, 정말 보통 일이 아닙니다. 특히 매장 운영만으로도 눈코 뜰 새 없이 바쁘신 사장님들께는 큰 부담이 될

수밖에 없죠.

2. '전문가의 손길'을 빌려 볼까? (체험단 대행업체 이용 시 장단점)

"아이고, 사장님! 저는 도저히 셀프로 할 자신이 없는데요…" 하시는 분들을 위해 존재하는 것이 바로 '체험단 전문 대행업체'입니다.

- **가장 큰 장점: "사장님은 그냥 믿고 맡기세요!"** (시간과 노력 절약)
  귀찮고 번거롭고 머리 아픈 모든 과정을 업체에서 알아서 다~ 해줍니다. 우리가 신경 써야 할 체험단 모집부터 까다로운 리뷰어 선정, 일정 관리, 방문 안내, 리뷰 내용 검토 및 피드백 전달까지 싹 다요! 사장님은 그 시간에 가게 운영에만 더 집중하실 수 있으니 얼마나 좋습니까?
- **플러스 알파: "더 많은, 더 좋은 리뷰어를 찾아드립니다!"** (양질의 리뷰 확보 가능성 UP!) 괜찮은 대행업체들은 자기들이 이미 확보하고 있는 '영향력 있는' 블로거나 인스타그램 인플루언서 풀(Pool)을 가지고 있습니다. 그래서 사장님이 직접 모집하는 것보다 훨씬 더 많은 인원, 그리고 우리 가게 콘셉트와 타겟 고객층에 딱 맞는 '질 좋은' 리뷰어들을 더 수월하게 모아줄 수도 있습니다.
- **보너스: "단순 체험단 운영 그 이상!"** (추가 마케팅 서비스 제공) 특히 정말 실력 있는 업체들은 단순한 체험단 운영 대행을 넘어, 우리

가게에 맞는 '핵심 키워드 노출 전략'을 함께 짜주고, 그렇게 작성된 양질의 리뷰 콘텐츠를 네이버 블로그, 인스타그램, 유튜브 등 다양한 채널에 효과적으로 배포하는 등 **추가적인 온라인 마케팅 서비스까지 제공**해서 광고 효과를 쭉쭉 끌어올려 주기도 합니다.

3. "사장님, 호갱 되시면 절대 안 됩니다!" (악덕 체험단 업체 피하고 좋은 업체 고르는 꿀팁)

그런데 사장님, 안타깝게도 이 체험단 대행업체 시장, 정말 조심 또 조심하셔야 합니다. 솔직히 까놓고 말씀드리면, **정말 사기꾼 같은 악덕 업체들이 너무나도 많습니다.** "사장님 가게, 저희한테 맡기시면 한 달 안에 대박납니다!" 하고 달콤한 말로 유혹하지만, 막상 계약하고 나면 돈만 받아 챙기고 제대로 된 효과는커녕 성의 없는 리뷰 몇 개 찍 올리고 나 몰라라 하는 곳들이 태반이에요. 제가 바로 그런 업체에 된통 당해 본 적이 있습니다! (피눈물)

(1) 이런 체험단 업체는 일단 무조건 거르세요! (빨간불! 위험 신호!)
- 연락하자마자 다짜고짜 "사장님, 저희랑 딱 1년만 장기 계약하시면 지금 파격적으로 할인해 드릴게요!" 하고 **무조건 장기 계약부터 강요하거나 들이미는 곳.** (실력에 자신 없는 곳일수록 발목부터 잡으려고 합니다.)

- "사장님 가게는 특별히 저희가 딱 한 번만 무료로 진행해 드릴게요! 효과 한번 보세요!" 하고 **'무료 체험'이라는 달콤한 미끼를 던지는 곳.** (사장님, 세상에 공짜는 없습니다. 결국 나중에 더 크고 비싼 계약으로 유도하려는 아주 뻔한 수작일 확률 99.9%입니다.)
- **진짜 실력 있고 양심적인 좋은 업체는요, 오히려 사장님들이 수소문해서 찾아가야 겨우 만날 수 있습니다.** 먼저 시도 때도 없이 전화해서 "사장님, 저희랑 계약하시죠!" 하고 귀찮게 영업하는 경우는 생각보다 드물어요. (물론 예외는 있겠지만요.)

(2) 내 돈 안 아까운, 제대로 된 업체 고르는 체크리스트 (이것만은 꼭 따져 보세요!)

1) **"그래서, 총 얼마인데요?" (가격 정책의 투명성 확인)**: 견적서를 받으시면 계약 기간, 체험단 진행 횟수, 인원수, 제공 서비스 범위 등을 꼼꼼히 살펴보시고, 혹시라도 나중에 추가될 수 있는 숨겨진 비용은 없는지, 계약 해지 시 위약금 조건은 어떻게 되는지 등을 반드시 명확하게 확인하셔야 합니다. "싼 게 비지떡"이라는 말도 있지만, "비싸다고 무조건 좋은 것도 아니더라고요!"

2) **"다른 사장님들 평가는 좀 어떤가요?" (서비스 품질 및 실제 후기 확인)**: 그 업체를 이용해본 다른 가게 사장님들의 실제 후기(광고성 후기 말고요!)를 인터넷이나 주변 수소문을 통해 최대한 많이 찾아보세요. 해당 업체의 평판과 실제 서비스 품질, 그리고 AS는

확실한지 등을 가늠해볼 수 있는 가장 좋은 방법입니다.

3) **"우리 가게 타겟 고객과 맞는 리뷰어를 보내 줄 수 있나요?" (리뷰어 선정 기준 및 전문성 확인)**: 우리 가게는 20대 초반 여성들이 주로 찾는 아기자기한 디저트 카페인데, 맨날 40대 남성 아저씨 블로거만 보내 주면 과연 마케팅 효과가 제대로 날까요? 우리 가게의 주요 고객층과 분위기에 딱 맞는, 그리고 영향력 있는 리뷰어를 잘 선정해서 매칭해 줄 수 있는 전문성이 있는 곳인지 확인해야 합니다.

4) **"'내돈내산' 아닌 거, 광고 표시는 제대로 해 주나요?" (관련 법규 준수 여부 확인)**: 체험단 리뷰는 반드시 소비자들이 오인하지 않도록 '광고', '협찬', '체험단 후기', '경제적 대가 수령' 같은 문구를 명확하게 표시해야 합니다. 이거 어기면 나중에 공정거래위원회에서 과징금 철퇴 맞을 수 있습니다. 이런 기본적인 법규조차 제대로 지키지 않는 업체라면, 다른 건 안 봐도 뻔하겠죠?

[사장님께 드리는 마지막 당부!] 처음부터 덜컥 비싼 돈 주고 장기 계약부터 하지 마시고, 여러 업체를 신중하게 비교해 보신 다음에 가장 믿음이 가는 곳과 **우선 단기 계약이나 소규모 테스트 형태로 먼저 진행**해 보시면서 실제 효과를 직접 검증해 보시는 것이 가장 안전하고 현명한 방법입니다.

4. 그래서, 체험단 마케팅, 진짜 효과가 있긴 한 걸까요? (의심 많은 사장님들을 위하여!)

"사장님, 이렇게까지 해야 하나요? 체험단 마케팅, 그거 정말 효과가 있긴 있는 거에요?" 네, 사장님. 제가 장담하건대, **제대로만 기획하고 실행한다면, 체험단 마케팅은 여전히 가장 효율적이고 가성비 좋은 마케팅 방법 중 하나**임에는 틀림없습니다.

- **신뢰도 UP! 구매 전환율 UP!**: 온라인에서 우리 가게에 대한 긍정적이고 생생한 체험 후기들이 차곡차곡 쌓이면, 그게 바로 잠재 고객들에게는 '믿을 수 있는 객관적인 정보'가 됩니다. 사장님이 백 마디 하는 것보다, 먼저 경험해본 다른 손님의 진솔한 추천 한마디가 구매 결정에 훨씬 더 큰 영향을 미칩니다.
- **자연스러운 입소문 효과! 지역 커뮤니티 장악!**: 잘 작성된 체험단 리뷰는 네이버 블로그나 인스타그램, 유튜브 등을 통해 자연스럽게 우리 동네 커뮤니티나 관련 관심사를 가진 사람들에게 널리 퍼져나갈 수 있습니다. 그야말로 '알아서 굴러가는' 입소문 마케팅 효과를 톡톡히 누릴 수 있는 거죠.
- **단기간에 인지도 쭉쭉! 신규 고객 유입 쭉쭉!**: 특히 체험단 활동이 체계적으로, 그리고 꾸준히 잘 관리되면, 생각보다 훨씬 짧은 기간 안에 많은 신규 고객을 우리 가게로 유치할 수 있고, 지역 사회에서

우리 가게의 인지도를 수직으로 상승시킬 수 있습니다.

체험단, '잘 쓰면 약', '못 쓰면 독'이 됩니다! 사장님의 '키워드' 이해가 성패를 가릅니다!

사장님, 결론적으로 체험단 마케팅은 사장님께서 직접 발로 뛰며 셀프로 진행하시든, 믿을 만한 전문 업체의 세련된 도움을 받으시든, **비용 대비 높은 효과를 기대할 수 있는 아주 매력적이고 강력한 마케팅 방법**입니다.

하지만 가장 중요한 것은, 그냥 돈만 쓰고 사람만 보낸다고 해서 저절로 효과가 나타나는 것이 절대 아니라는 점입니다. **꾸준한 관심과 관리, 그리고 우리 가게 상황과 목표에 최적화된 전략**으로 체험단을 운영해야 합니다.

그리고 여기서 제가 오늘 사장님께 드리고 싶은 **가장 핵심적인 마지막 꿀팁**이 있습니다! 바로 체험단 리뷰, 즉 블로거나 인플루언서들이 작성하는 콘텐츠 안에 우리 가게를 가장 효과적으로 알릴 수 있는 **'핵심 키워드'가 무엇인지 사장님께서 정확하게 파악하고 계셔야 한다**는 것입니다. 그리고 그 핵심 키워드들을 체험단에게 명확하게 전달해서, 그들이 우리 가게의 매력과 함께 그 키워드들을 자연스럽게 녹여낸 '양질의 콘텐츠'를 생산하도록 유도해야 합니다.

제24장 ─────────────────

사장님, 옆집 손님도 놓치실 건가요?
(당근마켓 광고로 우리 동네 손님 꽉 잡는 비법)

    사장님, "당근이세요?" 이 말, 이제 중고 물건 직거래할 때만 쓰는 말이 아니죠? 어느새 당근마켓(요즘은 그냥 '당근'이라고 하죠?)은 우리 동네 사람들이 가장 많이, 그리고 가장 자주 들락거리는 '온라인 사랑방'이자 '동네 정보 알림판'이 되었습니다. 통계청 자료는 아니지만, 당근마켓에서 발표한 걸 보니 누적 가입자가 무려 3,000만 명을 훌쩍 넘었고, 일주일에 당근마켓을 이용하는 사람(WAU, 주간 활성 이용자)이 1,200만 명이 넘는다고 합니다. 이게 보통 플랫폼이 아닙니다, 사장님! 거의 전 국민이 쓴다고 해도 과언이 아닐 정도죠.

    바로 이 어마어마한 동네 사람들이 북적거리는 당근에서, 우리 가게를 아주 효과적으로, 그것도 콕 집어서 **'바로 우리 동네 사람들한테만' 광고할 수 있는 아주 기특한 방법**이 있으니, 그게 바로 오늘 우리가 함께 파헤쳐 볼 '당근마켓 광고(요즘은 '당근 광고')'입니다. 이거 잘만 쓰면 정말 '꿀' 중의 꿀입니다, 사장님. 특히 우리처럼 특정 지역을 기반으로 장사하시는 사장님들께는 이만한 맞춤형 광고판도 없을 겁니다.

그래서 오늘은 이 당근 광고가 도대체 뭐하는 물건인지, 어떤 신통방통한 특징들이 있으며, 어떻게 해야 우리 사장님들이 최소의 비용으로 최대의 효과를 뽑아낼 수 있는지, 그리고 이 광고의 기본 중의 기본인 '키워드'는 또 어떻게 연결되는지, 제 약간의 경험과 날카로운 분석을 살짝 얹어서 아주 알기 쉽게 설명해 드리겠습니다.

1. '당근 광고', 뭐가 그렇게 특별한데요? (주요 특징 야무지게 살펴보기)

자, 그럼 이 '당근 광고'만의 특별한 매력, 한번 자세히 들여다볼까요?

1) **"대한민국 절반 이상이 쓰는 어플!" (엄청난 사용자 수와 활동성)**: 위에서 말씀드렸죠? 3천만 명이 넘는 가입자에, 일주일에 천만 명이 넘게 사용하는 어플입니다. 그야말로 우리 가게의 잠재 고객들이 밤낮없이 모여있는 거대한 '온라인 장터'라고 할 수 있습니다. 여기서 우리 가게를 알리지 않는다는 건, 목 좋은 사거리에 가게 내놓고 간판도 안 다는 거랑 비슷할 수 있습니다.
2) **"우리 동네 손님만 골라 골라!" (정교한 핀셋 지역 타겟팅)**: 이게 바로 당근 광고의 진짜 핵심이자 가장 큰 매력입니다! 사장님께서 원하시는 동네, 예를 들어 **"인천시 남동구 논현1동, 논현2동, 그리고 바로 옆 고잔동 사람들한테만 우리 가게 광고 보여 줘!"** 이렇게

콕 집어서 광고를 내보낼 수 있습니다. 심지어 몇 개 동네를 동시에 선택할 수도 있고요. 동네 전단지 직접 돌리는 것보다 훨씬 더 정확하고 효과적으로 우리 동네 주민들에게 다가갈 수 있겠죠?

3) "광고인 듯 광고 아닌 광고 같은 너~" (자연스러운 광고 유형): 당근 광고는 크게 두 가지 형태로 나뉩니다.

○ **피드 광고**: 손님들이 중고 물건이나 동네 소식 구경하는 그 피드 사이에 우리 가게 광고가 마치 원래 그 자리에 있었던 게시물처럼 '쓱~' 하고 아주 자연스럽게 뜨는 겁니다. 대놓고 "나 광고예요!" 하는 것보다 거부감도 적고, 스르륵 스며들듯이 우리 가게를 알릴 수 있죠.

○ **검색 광고**: 손님이 당근마켓 검색창에 예를 들어 '논현동 세탁소 잘하는 곳' 하고 검색했을 때, 그 검색 결과에 우리 가게 정보가 '짠!' 하고 우선적으로 나타나는 겁니다. 손님이 뭔가 필요해서 직접 검색하는 바로 그 순간에 우리 가게를 보여 주니, 효과가 좋을 수밖에 없겠죠?

4) "사장님 주머니 사정 생각했어요!" (내 맘대로 광고비 조절, 유연한 예산 설정 - CPC 방식): 가장 좋은 점 중 하나는, 광고비가 클릭당 비용(CPC) 방식으로 책정된다는 겁니다. 즉, 손님이 우리 광고를 보고 '클릭'해서 자세한 내용을 보거나 우리 가게 비즈프로필로 들어왔을 때만 광고비가 나갑니다. 그냥 광고가 눈에 보이기만 한 것(노출)만으로는 돈이 안 나가니 아주 합리적이죠. 그리고 하루

에 쓸 광고 예산도 사장님 주머니 사정에 맞춰서 자유롭게 설정하고 조절할 수 있으니, 부담 없이 시작해 볼 수 있습니다.

2. '당근 광고', 어떻게 시작하는 건데요? (왕초보 사장님도 따라 하는 단계별 진행 방법)

"사장님, 설명은 좋은데 그래서 어떻게 하는 거냐고요!" 네, 지금부터 그 방법을 차근차근 알려 드리겠습니다. 생각보다 어렵지 않으니 겁먹지 마세요!

1) **"사장님 수준에 딱 맞게!" 광고 모드 선택 (간편모드 vs. 전문가모드)**: 당근 광고는 사장님의 광고 운영 경험이나 필요에 따라 두 가지 모드를 제공합니다.
   - **간편모드**: "나는 그런 거 복잡해서 딱 질색이야! 최대한 쉽고 빠르게 광고하고 싶어!" 하시는 사장님들을 위한 모드입니다. 기본적인 타겟 설정만으로 아주 간단하게 광고를 시작할 수 있습니다. 우리 소상공인 사장님들 눈높이에 딱 맞췄죠.
   - **전문가모드**: "이왕 하는 거, 좀 더 세밀하게 타겟팅도 하고, 데이터도 분석하면서 제대로 한번 해 보고 싶다!" 하시는 사장님들을 위한 모드입니다. 좀 더 다양한 설정 기능과 상세한 성과 데이터를 제공해서 광고 효율을 극대화할 수 있도록 도와줍니다. (이 두

가지 모드의 자세한 차이점은 뒤에서 다시 설명드릴게요!)

2) **"우리 가게 온라인 명함부터 만드세요!" 비즈프로필 등록**: 광고를 시작하기 전에, 당근마켓에 우리 가게의 기본 정보(가게 이름, 위치, 전화번호, 영업시간, 가게 소개, 대표 사진 등)를 등록하는 '비즈프로필'부터 만드셔야 합니다. 이게 바로 당근마켓에서 우리 가게의 '온라인 명함'이자 '미니 홈페이지' 역할을 하는 아주 중요한 공간입니다. 손님들이 광고를 보고 관심을 가져도, 정작 이 비즈프로필이 부실하면 그냥 나가 버리겠죠? 당연히 **무료**로 만들 수 있으니, 정성껏 예쁘게 꾸며 주세요!

3) **"이 광고, 누구에게 보여 줄까요?" 타겟 설정**: 가장 중요한 단계 중 하나입니다! 우리 가게 광고를 어느 동네 사람들한테 보여 줄지(지역 타겟팅), 그리고 가능하다면 어떤 연령대나 성별, 어떤 관심사를 가진 사람들에게 더 집중적으로 보여 줄지(인구통계학적 타겟팅, 관심사 타겟팅 - 전문가모드에서 주로 제공) 꼼꼼하게 설정하는 겁니다. 타겟을 얼마나 잘 잡느냐에 따라 광고 효과는 하늘과 땅 차이가 될 수 있습니다.

4) **"손님들 눈길을 확! 사로잡아라!" 광고 콘텐츠 제작**: 자, 이제 실제로 손님들 눈에 보이게 될 광고 내용을 만들어야죠.

   ○ **피드 광고**라면, 시선을 단번에 강탈하는 매력적인 이미지나 짧은 동영상이 중요합니다. 우리 가게의 분위기를 잘 보여 주는 사진, 군침 도는 음식 사진, 특별한 이벤트 내용 등을 활용해 보세요. 광

고 문구도 너무 길지 않게, 핵심만 담아서 간결하게!
- **검색 광고**라면, 손님들이 검색할 만한 핵심 키워드와 함께 우리 가게의 장점을 잘 녹여낸 광고 문구가 중요합니다. 우리 가게만의 매력을 듬뿍 담아서, "어? 이건 한번 눌러보고 싶은데?" 하는 생각이 들도록 만들어야 합니다!

5) **"그래서, 광고비는 얼마까지 쓸 수 있는데요?" 예산 및 입찰가 설정**: 클릭 한 번에 얼마까지 지불할 의향이 있는지(입찰가), 그리고 하루에 총 얼마까지만 광고비를 사용할 것인지(일일 예산) 등을 설정하는 단계입니다. 처음에는 너무 욕심내지 마시고, 소액으로 시작해서 조금씩 테스트해보면서 감을 잡으시는 게 좋습니다.

6) **"자, 이제 진짜 시작입니다!" 광고 런칭 및 성과 지켜보기**: 모든 준비가 끝났다면 드디어 광고를 시작(런칭)합니다! 하지만 사장님, 광고 시작하고 나서 "이제 손님들 오겠지?" 하고 그냥 손 놓고 계시면 절대 안 됩니다. 광고가 얼마나 많은 사람들에게 보여지고 있는지(노출 수), 그중 얼마나 많은 사람들이 클릭했는지(클릭 수, 클릭률), 비용은 얼마나 들고 있는지 등 광고 성과 지표를 계속해서 확인하고, 필요하다면 입찰가를 조절하거나 타겟 설정을 변경하는 등 꾸준히 관리하고 개선해나가야 합니다.

3. '간편모드' vs. '전문가모드', 뭐가 어떻게 다른데요? (사장님 상황에 맞는 맞춤 선택 가이드)

아까 광고 모드가 두 가지 있다고 말씀드렸죠? 이 둘의 가장 큰 차이점은 **'얼마나 세밀하게 광고를 설정하고 관리할 수 있느냐'** 입니다.

- **전문가모드 (나는야 광고 전략가!):** 이름처럼 좀 더 '전문적인' 광고 운영이 가능합니다. **지역 타겟팅 외에도 성별, 연령, 관심사 등을 아주 세부적으로 설정**해서 정말 우리 가게에 딱 맞는 '족집게 타겟팅'을 할 수 있습니다. 그리고 광고 성과 데이터도 훨씬 더 자세하게 제공하기 때문에, "아, 이 시간대에는 이 광고 소재가 반응이 좋네?", "이 동네 사람들은 이 키워드에 더 많이 클릭하는구나!" 하고 **데이터를 기반으로 광고를 계속해서 최적화**해 나갈 수 있습니다. 물론 손이 좀 더 많이 가고 신경 쓸 것도 많지만, 그만큼 광고 효율을 극대화하고 싶은 욕심 있는 사장님들께는 아주 매력적인 모드입니다.
- **간편모드 (나는 바쁘다 바빠! 쉽고 빠르게 가자!):** "나는 그런 거 하나하나 설정하고 분석하고 할 시간이 없어! 그냥 기본적인 타겟만 정해서 최대한 쉽고 빠르게 광고 한번 돌려보고 싶다!" 하시는 바쁜 우리 소상공인 사장님들을 위해 만들어진 모드입니다. **복잡한 설정 없이 몇 번의 클릭만으로 기본적인 지역 타겟팅 중심의 광고를 바로 시작**할 수 있다는 것이 가장 큰 장점입니다.

4. '전문가모드' 광고 효과 UP! 시키는 5가지 꿀팁 (이것만 알아도 당신은 당근 광고 고수!)

혹시 전문가모드에 도전해 보고 싶으신 사장님들을 위해, 제가 직접 해보고 효과 봤던 5가지 꿀팁을 살짝 공개합니다!

1) **타겟은 좁고 깊게! 핀셋처럼! (세밀한 타겟팅 적극 활용)**: 우리 가게에 정말 올 만한, 그리고 우리 상품이나 서비스에 진짜 관심을 가질 만한 손님들만 골라서 광고를 보여 주는 것이 핵심입니다. 넓게 그물 던지는 것보다, 족집게로 콕콕 집어내는 거죠.
2) **숫자는 절대 거짓말 안 해요! (데이터 분석 및 꾸준한 최적화)**: 광고 성과 지표(클릭률, 전환율, 비용 등)를 꼼꼼히 살펴보면서 잘 되는 광고는 더 밀어주고, 효과 없는 광고는 과감하게 중단하거나 수정하는 작업을 계속 반복해야 합니다.
3) **광고 소재(사진/문구)는 계속 새롭게! 질리면 끝입니다! (광고 소재 최적화)**: 똑같은 광고 사진, 똑같은 광고 문구 계속 보면 손님들도 지겹습니다. 다양한 스타일의 이미지와 문구를 여러 개 만들어서 테스트해 보고, 그중 가장 반응 좋은 녀석을 찾아내고 또 개선해 나가야 합니다.
4) **방심은 금물! 한눈팔면 광고비 줄줄 샙니다! (지속적인 모니터링 및 즉각적인 조정)**: 광고 성과는 마치 살아있는 생물처럼 시시각

각 변합니다. 꾸준히 지켜보면서 뭔가 이상하다 싶으면 바로바로 원인을 찾아서 즉각적으로 대응하고 개선해야 소중한 광고비를 아낄 수 있습니다.

5) **될성부른 광고에 팍팍 밀어주세요! (성과 좋은 광고에 예산 집중)**: 여러 가지 광고를 테스트해 보다가 "어? 이 광고 대박인데?" 싶은 녀석이 나타나면, 다른 애매한 광고에 쓰던 예산을 그쪽으로 확 몰아서 확실하게 효과를 뽑아내는 겁니다. 선택과 집중이죠!

당근 광고, '우리 동네 1등'으로 가는 가장 빠른 길! (하지만 '키워드'의 중요성은 절대 잊지 마세요!)

사장님, 오늘 당근마켓 광고에 대한 이야기, 어떠셨나요? 당근 광고는 우리 동네 손님들에게 우리 가게를 가장 효과적으로, 그리고 비교적 저렴한 비용으로 알릴 수 있는 정말 강력하고 매력적인 마케팅 도구임에는 틀림없습니다. 특히 **'우리 동네 장사'에 이만한 가성비를 가진 광고 채널이 또 있을까 싶을 정도**입니다.

가장 중요한 것은, 처음부터 완벽한 광고 전략을 짜려고 너무 애쓰기보다는, **다양한 설정과 광고 소재로 이것저것 직접 테스트해보고, 거기서 나오는 실제 데이터를 바탕으로 우리 가게만의 최적의 광고 전략을 찾아나가는 그 과정 자체**를 즐기시는 겁니다. 실패를 두려워하지 마시고요! (제가 늘 말씀드리잖아요? 실패는 성공의 어머니라고!)

사장님의 광고 목적과 사업 규모, 그리고 얼마나 직접 광고를 관리할 수 있는지 등을 종합적으로 고려하셔서 간편모드든 전문가모드든 현명하게 선택하시고, 오늘 제가 알려 드린 팁들을 잘 활용하셔서 최고의 광고 효과를 얻으시기를 바랍니다.

하지만 사장님, 제가 마지막으로 꼭 당부드리고 싶은 말씀이 있습니다. 아무리 좋은 광고 플랫폼이고, 아무리 멋진 광고 기능을 가지고 있다고 해도, 결국 **모든 마케팅과 광고의 시작과 끝은 우리 가게와 우리 손님을 가장 효과적으로 이어 주는 그 '핵심 키워드'를 제대로 찾고 활용하는 일이라는 것, 절대로 잊지 마십시오!** 이 '키워드'라는 뿌리가 탄탄해야 당근 광고든, 네이버 광고든, 그 어떤 광고든 그 효과를 제대로, 그리고 오래도록 볼 수 있습니다. 제가 수많은 실패를 팔면서 배운 가장 중요한 진리 중 하나입니다.

제25장

사장님, 우리 가게 '유튜브 스타' 한번 만들어 볼까요?
(유튜브 체험단·협찬의 효과와 비용,
그리고 '숏폼'이라는 새로운 기회)

사장님, 우리 가게를 알리기 위해 블로그 체험단은 이제 기본 중의 기본으로 많이들 하고 계시죠? 그런데 그렇게 블로그에 예쁜 사진과 정성스러운 후기가 차곡차곡 쌓이다 보면, 어느 순간 슬슬 이런 생각이 고개를 듭니다. "요즘 누가 글 읽어? 대세는 유튜브라는데… 우리도 화끈하게 먹방 유튜버 한번 불러서 제대로 한번 터뜨려볼까?" 하고요.

네, 사장님. 저도 그랬습니다! 그 마음 너무나도 잘 압니다. 그래서 저도 가게 홍보 좀 제대로 해 보겠다고 큰맘 먹고 유튜브 체험단 또는 협찬(이하 '유튜브 마케팅'으로 통칭하겠습니다)을 한 열 차례 정도 진행해 봤습니다. 솔직히 결과부터 말씀드리면, 정말 "와, 이거 대박인데?" 싶을 정도로 효과가 좋았던 적도 있었고요, 반대로 "아이고, 내 아까운 광고비… 그냥 맛있는 거나 사 먹을걸…" 하고 땅을 치며 후회했던 적도 있었습니다.

그래서 오늘은 그 과정에서 제가 직접 몸으로 부딪히며 배운 점들, **즉 유튜브 마케팅을 시작하기 전에 우리 사장님들께서 반드시 알아야**

할 기본적인 사항들부터, 어떤 유튜버를 어떻게 찾아야 하는지, 가장 궁금해하실 비용은 또 얼마나 생각해야 하는지, 그리고 요즘 가장 뜨겁다는 '숏폼'은 또 뭔지, 사장님들께 제 모든 경험을 바탕으로 솔직하게 다 까놓고! 낱낱이! 말씀드리려고 합니다.

1. "유튜브는 사진 몇 장 찍고 글 쓰는 게 아니에요!" (유튜버 모시기 전, 명심해야 할 가장 큰 차이점)

사장님, 우리가 유튜브 마케팅을 고려할 때 가장 먼저, 그리고 가장 확실하게 머릿속에 새겨 두셔야 할 것이 있습니다. 바로 **유튜브 영상 콘텐츠를 만드는 것은, 블로그에 글 쓰고 사진 몇 장 예쁘게 올리는 것과는 차원이 다른 작업**이라는 점입니다.

- **블로그**: 글솜씨가 좀 있고 사진 편집 능력이 있는 블로거라면, 보통 2~3시간, 길어야 반나절 정도면 우리 가게의 매력을 듬뿍 담은 퀄리티 좋은 후기 포스팅 하나를 뚝딱 만들어낼 수 있습니다.
- **유튜브**: 하지만 유튜브는 '영상'입니다, 사장님! 유튜버가 우리 가게에 와서 카메라 여러 대로 가게 구석구석을 찍고, 음식 나오는 과정부터 먹는 모습, 맛 표현, 가게 분위기까지 다각도로 촬영해야 합니다. 그리고 그걸로 끝이 아니죠. 그렇게 찍은 영상들을 작업실로 가져가서 몇 날 며칠을 편집하고, 재미있는 자막도 넣고, 상황에 맞는

배경음악(BGM)도 깔고, 영상 썸네일까지 근사하게 만들어야 비로소 한 편의 '작품'이 탄생하는 겁니다.

이처럼 유튜브 영상은 블로그 포스팅보다 **제작에 들어가는 시간과 노력, 그리고 기술적인 부분이 훨씬 더 많이 필요합니다.** 그래서 당연히 **제작 비용(협찬 비용)도 블로그 체험단과는 비교할 수 없을 정도로 비쌀 수밖에 없습니다.** 보통 블로그 체험단보다 제작 시간이 기본 2배, 많게는 3배 이상 더 걸린다고 생각하시면 마음이 편합니다. 이 냉정한 현실을 확실하게 인지하고 유튜버에게 연락하셔야, 나중에 "아니, 영상 하나 올려 주는데 왜 이렇게 비싸요?" 혹은 "언제쯤 영상 올라오나요? 왜 이렇게 오래 걸려요?" 하는 불필요한 오해나 갈등을 피할 수 있습니다.

2. 우리 가게와 '찰떡궁합' 유튜버, 어떻게 찾아야 할까요?

자, 그럼 비싼 돈 들여서 유튜브 마케팅 한번 해 보기로 마음먹었다면, 어떤 유튜버와 함께해야 그 효과를 제대로 볼 수 있을까요? 너무나 당연한 이야기겠지만, 우리 음식점과 전혀 상관없는 분야의 유튜버에게 연락하면 비싼 광고비만 날리는 셈이니, 신중하게 골라야 합니다.

(1) 음식점 사장님이라면, 이런 채널에 먼저 연락해 보세요!

1) **먹방 유튜버**: 두말하면 잔소리죠? 우리 가게 음식을 세상에서 가장

맛있게, 아주 그냥 복스럽게 먹어 주는 것만큼 확실한 광고가 어디 있겠습니까! 시청자들의 침샘을 제대로 자극해서 "와, 저 집은 꼭 한번 가 봐야겠다!" 하는 마음이 들게 만드는 일등 공신입니다.

2) **여행 및 캠핑 유튜버**: 만약 우리 가게가 특정 관광지 근처에 있거나, 그 지역을 대표하는 맛집으로 소개될 만하다면 여행 유튜버와의 협업이 아주 효과적일 수 있습니다. 혹은 캠핑 가서 먹기 좋은 특별한 포장 메뉴나 밀키트 같은 것이 있다면, 캠핑 유튜버를 통해 자연스럽게 홍보하는 것도 좋은 방법입니다.

3) **일상 브이로그 유튜버**: 요즘에는 특정 분야의 전문 유튜버보다, 자신의 소소한 일상을 공유하는 브이로그 유튜버들의 영상이 더 큰 공감대를 얻기도 합니다. 이런 유튜버들이 우리 가게를 방문해서 자연스럽게 음식을 즐기고, 가게 분위기를 영상에 담아낸다면, 시청자들에게 훨씬 더 친근하고 부담 없이 다가갈 수 있다는 장점이 있습니다. 마치 친한 친구가 "여기 진짜 괜찮더라!" 하고 추천해 주는 느낌이랄까요?

4) **운동 유튜버**: "운동하고 나면 뭐다? 바로 맛있는 거!" 만약 우리 가게 메뉴 중에 건강을 생각한 특별한 메뉴나, 단백질이 풍부해서 운동하는 사람들이 좋아할 만한 음식이 있다면, 운동 유튜버와의 협업을 통해 '운동 후 즐기는 꿀맛 같은 식사' 콘셉트로 어필해 볼 수도 있겠죠.

(2) 그래서, 유튜버는 어떻게 찾냐고요? 제 방법은 이렇습니다!

저는 그냥 좀 무식한(?) 방법을 썼습니다. 유튜브 검색창에 직접 **'인천 논현동 먹방'**, **'송도 브런치 맛집 유튜버'**, **'부평 캠핑 음식 추천'** 이런 식으로 우리 가게와 관련된 키워드를 넣고 검색해서, 마음에 드는 영상이나 채널을 발견하면 그 채널 정보란에 있는 운영자(유튜버)의 이메일 주소로 직접 연락을 드렸습니다. "사장님, 저희 가게 음식 정말 맛있는데, 한번 오셔서 영상으로 담아주실 수 없을까요?" 하고 정중하게요. 생각보다 답장을 잘해 주시거나 긍정적으로 검토해 주시는 분들도 꽤 많았습니다. "사장님, 용기 있는 자가 미인을… 아니, 유튜버를 얻습니다!"

3. "그래서, 얼마면 되는데?" (유튜버 구독자 수 대비 예상 협찬 단가 - 어디까지나 제 경험 기준입니다!)

자, 이제 가장 현실적인 문제, 바로 '비용' 이야기입니다. 유튜버 협찬 단가는 정말이지 천차만별입니다. 하지만 제 개인적인 경험을 바탕으로, 구독자 수 대비 대략적인 예상 단가를 한번 정리해봤습니다. (사장님, 이건 어디까지나 제 주관적인 경험에 따른 것이니, 실제와는 다를 수 있다는 점 꼭 참고해 주세요!)

구독자 수	예상 협찬 단가 (제품/서비스 제공은 기본!)	제 실패를 파는 코멘트!
500명 ~ 1,000명	제품/서비스만 제공해도 OK인 경우 많음	이제 막 채널을 키워나가시는 신인 유튜버분들. 우리 가게 음식을 맛있게 제공해드리는 것만으로도 서로 윈윈(Win-Win)하며 좋은 관계를 맺을 수 있는 경우가 많습니다. '무료 협찬'의 기회를 노려 보세요!
1,000명 ~ 5,000명	제품/서비스 제공 외 5만 원 ~ 20만 원 정도의 제작비 발생 가능	이 정도면 어느 정도 채널의 색깔을 갖추고 자리를 잡기 시작한 분들입니다. 우리 가게 음식을 제공하는 것은 기본이고, 소정의 영상 제작 지원비를 요구하실 수 있습니다.
5,000명 ~ 1만 명	제품/서비스 제공 외 50만 원 ~ 100만 원 정도의 비용 발생 가능	이제부터는 꽤 인지도가 있는 채널이라고 볼 수 있습니다. 구독자 수는 조금 적더라도, 댓글이나 '좋아요' 같은 '소통 지수(커뮤니티 충성도)'가 아주 활발한 알짜 채널은 오히려 더 비쌀 수도 있습니다. 구독자 수보다 중요한 게 바로 '찐팬'들의 힘이거든요!
5만 명 ~ 10만 명	최소 200만 원 이상은 생각하셔야…	이 정도 되면 슬슬 "억" 소리가 나기 시작합니다. 웬만한 중소기업 광고 예산과 맞먹는 수준이죠. 신중한 접근이 필요합니다.
10만 명 이상 ~	광고 담당 매니저(MCN 소속 등)가 따로 있는 경우가 많음. 채널 규모, 인지도, 협업 형태(단순 PPL, 기획 콘텐츠 등)에 따라 단가 천차만별! 협상력이 매우 중요!	이 정도 규모의 채널은 대부분 MCN(다중 채널 네트워크)이라는 회사에 소속되어 있거나, 광고를 전문적으로…

4. 유튜브 광고, 그래서 효과는 있었냐고요? (그리고 '숏폼'이라는 새로운 강자 등장!)

"사장님, 그래서 그 비싼 돈 주고 유튜브 마케팅 해 보니, 정말 효과가 있었나요?" 많은 분들이 가장 궁금해하실 질문일 겁니다.

솔직히 말씀드리면, 제가 여러 유튜버분들과 협찬을 진행해 봤지만, 그중에서 **가장 효과가 좋았던 건 역시나 유튜버분이 먼저 우리 가게에 홀딱 반해서 '내돈내산(내 돈 주고 내가 사 먹은)'으로, 아무런 대가 없이 진심을 꾹꾹 눌러 담아 올려주신 감동적인 후기 영상**이었습니다. 이런 건 정말이지, 하늘이 내려준 '로또' 맞는 거죠!

하지만 그런 행운이 매번 찾아오는 건 아니니, 결국 우리 가게의 인지도를 꾸준히 올리고 새로운 손님을 유치하려면 어느 정도의 광고는 필요합니다. 그리고 **유튜브 협찬 광고, 분명 잘만 하면 그 효과는 확실히 있습니다.** 다만…

제가 예전에 꽤 유명한(구독자 5만 명 이상) 유튜버분과 함께 진행했던 사례를 하나 말씀드릴게요. 그때 광고비로 약 200만 원 정도를 투자했습니다. 그리고 그 영상이 공개된 후, 실제로 우리 가게 온라인 주문이 약 700만 원가량 쭉쭉 들어왔습니다. "와, 이거 정말 대박이다!" 싶었죠. 그런데 사장님, 거기서 식자재 원가 빼고, 포장비 빼고, 인건비 빼고, 플랫폼 수수료 빼고, 이것저것 다 떼고 나니… 솔직히 **제 손에 순수하게 남는 건 생각보다 그리 크지 않았습니다.** 물론 가게 이름과 브랜드를 널리 알린 무형의 효과는 있었겠지만, 당장의 '수익'만 놓고 보면 조금 허탈했던 것도 사실입니다.

그래서 제가 요즘 개인적으로 더 주목하고 있고, 우리 소상공인 사장님들께 강력하게 추천해 드리고 싶은 새로운 기회가 있으니, 바로 '숏폼(Short-form) 콘텐츠'입니다!

사장님, 요즘 유튜브 쇼츠(Shorts)나 인스타그램 릴스(Reels), 틱톡(TikTok) 같은 곳에서 1분, 아니 30초 이내의 짧고 강렬한 영상들, 정말 많이 보시죠? 그게 바로 '숏폼'입니다. 저는 개인적으로, 시간도 오래 걸리고 비용도 많이 드는 긴 호흡의 전통적인 유튜브 영상 협찬보다는, 차라리 **이 '숏폼'을 전문적으로 제작하는 채널이나 인플루언서에게 광고를 의뢰하는 것이 우리 소상공인들에게는 훨씬 더 가성비 좋고 효과적인 방법**일 수 있다고 생각합니다. 제작 단가도 일반 유튜브 영상보다 상대적으로 훨씬 저렴하고, 특히 젊은 세대들에게는 그 파급력과 확산 속도가 정말 어마어마하거든요!

유튜브 마케팅, '대박' 아니면 '쪽박'? 사장님의 현명한 선택이 중요합니다!

사장님, 유튜브 체험단 또는 협찬 마케팅은 분명 잘만 활용하면 우리 가게를 하루아침에 전국구 스타로 만들어 줄 수도 있는 강력한 힘을 가지고 있습니다. 하지만 그만큼 적지 않은 비용 부담이 따르고, 어떤 유튜버를 만나느냐, 어떤 콘텐츠를 만드느냐에 따라 그 결과도 정말 천차만별이라는 점을 꼭 기억하셔야 합니다.

　무조건 구독자 수가 많은 '대형 유튜버'만 찾기보다는, **우리 가게의 예산과 마케팅 목표에 맞춰서 '가성비'를 꼼꼼하게 따져 보시고, 필요하다면 여러 명의 '마이크로 유튜버(구독자 1만 명 이하)'와 함께 다양한 시도를 해 보시는 것도** 좋은 전략이 될 수 있습니다. 그리고 무엇보다, 요즘 대세로 떠오르고 **있는 '숏폼' 콘텐츠를 활용한 마케팅도** 한번 적극적으로 고려해 보시는 것이 현명한 선택일 수 있습니다.

　결국 마케팅이라는 것도, '밑 빠진 독에 물 붓기'가 아니라, **'가장 효율적인 곳에 낚싯대를 드리우고, 가장 적은 미끼로 가장 많은 물고기를 잡는' 지혜**가 필요한 법입니다

상표권

제26장

사장님, 그 이름 쓰시면 큰일나요!
(내용증명 받고 가게 접을 뻔했던 상표권 이야기)

사장님, 혹시 법원에서 날아온 것도 아닌데, 왠지 받자마자 심장이 덜컥 내려앉고 손이 덜덜 떨리는 그런 우편물, 받아보신 적 있으신가요? 저는 몇 해 전에 '내용증명'이라는, 이름부터 뭔가 무시무시한 편지 한 통을 받았습니다. 발신인은 제가 운영하던 음식점과 비슷한 이름을 가진 어떤 프랜차이즈 업체였죠. 내용은 간단명료했습니다. "당신 가게 이름, 우리 상표권 침해했으니 당장 사용 중지하고 손해배상 청구할 수도 있음!"

그야말로 하늘이 무너지는 것 같았습니다. 배달앱에는 이미 수천 개가 넘는 소중한 고객 리뷰들이 쌓여 있었고, 동네 맛집 랭킹에도 당당히 이름을 올리며 한창 장사가 잘될 때였거든요. 그런데 하루아침에 그 모든 것을 다 지우고, 간판부터 메뉴판, 배달앱 가게 정보까지 싹 다 바꿔야 한다니… 정말이지 눈앞이 캄캄했습니다. 그 과정에서 겪었던 심적인 고통과 경제적인 손실은 이루 말할 수가 없었죠. 가게를 접어야 하나, 심각하게 고민했던 밤도 하루이틀이 아니었습니다.

하지만 사장님, 그 아프고 쓰라린 경험 덕분에, 저는 '상표권'이라는 것에 대해 정말 뼈저리게, 그리고 아주 절실하게 공부하게 되었습니다. 그리고 오늘, 그때 제가 피눈물 흘리며 얻은 이 소중한 지식들을 사장님들께 남김없이 나눠 드리고자 합니다. 부디 제 처절했던 실패 이야기가, 지금 이 글을 읽고 계신 사장님들께는 '미리 막는 예방주사'가 되어, 저와 같은 고통을 겪지 않으시기를 간절히 바라는 마음입니다.

1. '상호'랑 '상표', 그게 그거 아니었나요? (사업자등록증 이름 vs. 우리 가게 브랜드 이름)

"사장님, '상호'랑 '상표'가 다른 건가요?" 네, 다릅니다! 이거 헷갈리시는 사장님들 정말 많으신데요, 저도 처음엔 그게 그거인 줄 알았습니다. 아주 쉽게 설명해 드릴게요.

- **상호**: 그냥 '회사 이름'이라고 생각하시면 됩니다. 사장님께서 사업자등록증 내실 때 적는 바로 그 이름이죠. 이건 주로 **관할 시·군·구청이나 세무서**에서 관리합니다. 같은 지역 안에서 똑같은 상호를 쓰지 못하게 하는 정도의 역할을 합니다.
- **상표**: 이건 '물건 이름' 또는 '가게 브랜드 이름(로고 포함)'이라고 생각하시면 됩니다. 나이키의 '스우시' 로고, 스타벅스의 '사이렌' 로고, 그리고 '코카콜라'라는 글자 그 자체가 바로 상표입니다. 이건 **특허**

청에서 관리하고, 전국적으로 독점적인 권리를 인정해 주는 훨씬 강력한 힘을 가집니다.

그래서 만약 사장님께서 상표권과 관련된 내용증명을 받으셨다면, 그건 시·군·구청이나 세무서 문제가 아니라, **특허청에서 관리하는 '상표(브랜드)'에 관한 문제**라고 생각하셔야 합니다.

그리고 만약 사장님께서 사용하고 계신 가게 이름이나 로고가 다른 사람의 등록된 '상표'를 침해한 것이 맞다면, 그건 정말 큰일입니다. 단순히 이름만 바꾸는 걸로 끝나지 않을 수도 있습니다. 손님들이 보는 **간판, 메뉴판, 배달앱에 등록된 가게 이름과 로고, 심지어 가게에서 나눠주는 전단지나 명함에 있는 그 문제 되는 단어나 그림까지 싹 다! 모조리! 바꾸셔야 합니다.** 왜냐고요? 그 모든 것들이 결국 사장님께서 상품이나 서비스를 판매하기 위한 '영업상의 수단'으로 사용되었기 때문입니다. 생각만 해도 끔찍하죠?

2. 상표등록 = '내 가게 이름 아파트' 등기 치는 것과 똑같습니다!

"아니, 그럼 상표가 뭐길래 이렇게 무서운 건데요?" 사장님, 상표라는 것을 너무 어렵게 생각하지 마시고, 그냥 우리가 살고 있는 '아파트 등기 치는 것'과 똑같다고 생각하시면 아주 쉽습니다.

이렇게 한번 상상해 보세요. 대한민국이라는 아주 거대한 '아파트 단지'가 있습니다. 그리고 사장님께서 특정 이름으로 '상표를 등록한다'는 것은, 바로 그 아파트 단지 안에 **사장님만의 아파트 한 채를 정식으로 분양받아서 등기부등본에 "이 집은 내 집이요!" 하고 법적으로 도장을 쾅! 찍는 것**과 같습니다.

그런데 어느 날 사장님께서 오랜 노력 끝에 드디어 아파트 한 채를 구매하고 등기까지 마치셨습니다. 너무 기뻐서 가족들과 함께 축하 기념으로 해외여행을 다녀왔죠. 그런데 집에 돌아와 보니, 글쎄 생판 처음 보는 웬 이상한 가족이 내 아파트 거실 소파에 태연하게 드러누워서 TV를 보며 밥을 먹고 있는 겁니다! 사장님, 얼마나 황당하고 어이가 없으시겠습니까! 당장 112에 신고해서 경찰을 불러야겠죠?

경찰이 출동했지만, 경찰은 이 두 가족 중에 과연 누가 진짜 집주인인지 알 길이 없습니다. 그러니 양쪽 모두에게 "누가 진짜 집주인인지 증명할 수 있는 '집문서(등기부등본)'나 '집 계약서'를 보여 주십시오!" 하고 요구할 겁니다. 이때 사장님께서는 당당하게 "여기 내 이름으로 된 등기부등본 있습니다!" 하고 보여주시면 됩니다. 하지만 아무런 증거도 없는 그 이상한 가족은 어떻게 될까요? 당연히 경찰에 의해 그 자리에서 바로 쫓겨나게 되겠죠.

상표도 이와 똑같습니다. 내가 지금 사용하고 있는, 혹은 앞으로 사용할 우리 가게 이름이나 로고를 **"이건 내 거야! 다른 사람은 절대 못 써!"** 하고 법적으로 확실하게 못을 박아 두고 싶다면, 다른 무엇보다도 가장 먼저, 그리고 하루라도 빨리 '상표등록'부터 하셔야 하는 겁니다.

왜냐하면 우리나라는 안타깝게도 "내가 먼저 이 이름 썼는데요!" 하고 주장하는 '선사용주의(먼저 사용한 사람이 권리자)'가 아니라, "내가 먼저 특허청에 이 이름 등록했는데요!" 하고 깃발 꽂는 '선등록주의(먼저 등록한 사람이 권리자)'를 따르고 있기 때문입니다. 즉, 아무리 내가 먼저 쓰고 있었다고 해도, 다른 사람이 그 이름을 먼저 상표로 등록해 버리면 나는 그 이름을 더 이상 쓸 수 없게 되는 아주 억울한 상황이 발생할 수 있다는 겁니다. (물론 아주 예외적으로 '선사용권'을 인정받는 경우도 있다고는 합니다만, 그건 정말 복잡하고 어려운 법리적인 문제이니, 궁금하시면 변리사님께 따로 문의하시는 것이 좋습니다.)

3. '내 이름표' 다는 과정, 생각보다 오래 걸립니다! (상표 등록 3단계 절차)

자, 그럼 이 중요한 상표등록은 어떤 과정을 거쳐서 이루어질까요? 크게 세 가지 단계를 거치는데, 이게 생각보다 시간이 꽤 오래 걸립니다.

1) **출원**: "저 앞으로 '대박맛집'이라는 이름으로 음식점 장사하고 싶은데요, 이 이름 제가 상표로 쓰고 싶습니다!" 하고 특허청에 정식으로 신청서를 제출하는 단계입니다.
2) **이의신청 기간 공고**: 특허청에서 서류를 검토한 후 "자, 여러분! ○○○ 사장님께서 '대박맛집'이라는 이름으로 상표 등록을 신청하

셨습니다! 혹시 이 이름은 이미 내가 쓰고 있는 이름이라서 등록되면 안 된다고 생각하시는 분, 또는 이 이름이 상표로 등록될 만한 자격이 없다고 생각하시는 분 계시면 지금 바로 손들고 이의신청하세요!" 하고 일정 기간 동안(보통 2개월) 모든 사람이 볼 수 있도록 공고를 냅니다.

3) **등록**: 만약 이의신청 기간 동안 아무도 이의를 제기하지 않고, 특허청 심사관이 검토했을 때도 법적으로 별다른 문제가 없다고 판단되면, 드디어 "축하합니다! ○○○ 사장님께 '대박맛집' 상표에 대한 독점적인 권리를 인정합니다! 땅땅땅!" 하고 최종적으로 등록이 결정되는 겁니다.

이 모든 과정이 순조롭게 진행된다고 해도, 보통 **1년에서 1년 반 정도의 시간이 소요**됩니다. 생각보다 꽤 오래 걸리죠?

(1) 사장님, '출원'과 '등록'은 하늘과 땅 차이입니다! 절대 속지 마세요!

가끔 TV 광고를 보거나 프랜차이즈 가맹 상담을 받을 때, "저희 브랜드는 특허 출원 완료!", "상표 출원 중!" 하면서 마치 대단한 법적 권리를 확보한 것처럼 홍보하는 경우를 종종 볼 수 있습니다. 사장님, 절대 이런 말에 현혹되시면 안 됩니다! **'출원'은 그냥 "저 상표 쓰고 싶어요" 하고 신청서만 접수한 상태일 뿐입니다.** 물론 아예 신청도 안 한 것보다는 아주 약간의 제한적인 보호(예: 다른 사람이 똑같은 상표를 나중에 출원했을 때 내가 먼저 출원했다는 것을 증명할 수 있는 정도)는 받을 수 있겠지만, **진짜 강력한 법적인 효력은 반드시 '등록'이 되어야만 발생합니다.** 그러니 프랜차이즈 계약을 하시거나 다른 업체와 상표 관련 계약을 하실 때는, 그 상표가 단순히 '출원' 상태인지, 아니면 확실하게 '등록'까지 완료된 상태인지 반드시 꼼꼼하게 확인하셔야 합니다!

4. 우리 가게는 몇 동 몇 호? (상표의 '상품류' 제대로 이해하기)

사장님, 상표를 등록하려고 관련 서류를 살펴보거나 변리사님과 상담을 하다 보면, 무슨 '제1류', '제2류', '제43류'… 이런 알 수 없는 숫자와 함께 '상품류'라는 단어가 등장하는 것을 보시게 될 겁니다. "아니, 이게 또 다 뭐람?" 하고 머리가 지끈거리실 수 있는데요, 이것도 아까 그 '아파트 단지' 비유를 떠올리시면 아주 쉽게 이해할 수 있습니다.

기억나시죠? 대한민국이라는 거대한 아파트 단지가 있고, 상표등록은 그 안에 내 아파트 한 채를 마련하는 거라고요. 여기서 이 '상품류'라는 것은 바로 아파트 '동'이라고 생각하시면 됩니다. 101동, 102동, 103동… 이렇게요.

세상에는 정말 셀 수 없이 많은 산업 분야와 상품 종류가 있습니다. 이걸 전부 하나의 아파트 동에 다 쑤셔 넣으면 그야말로 난리가 나겠죠? 그래서 법으로 각 산업 분야나 상품의 종류 및 서비스 성격에 따라 "자, 당신네 산업은 16동에 모여 사세요!", "당신네 상품은 25동입니다!", "당신네 서비스는 43동으로 가세요!" 하고 각자 살아야 할 동을 지정해준 겁니다.

우리 **음식점을 운영하시는 사장님들께서는 주로 '제43류'에 상표를 등록**하시면 됩니다. 제43류에는 식당업, 카페업, 주점업, 숙박업 등이 포함되어 있거든요.

그런데 여기서 아주 중요한 점이 있습니다! 이렇게 특정 '상품류(동)'에 상표를 등록하면, 그 **상표권의 법적인 효력은 원칙적으로 내가 등록한 바로 그 '동(상품류)' 안에서만 힘을 발휘한다**는 것입니다. 즉, 내가 제43류에 '대박맛집'이라는 상표를 등록했다고 해서, 전혀 다른 상품류인 제25류(의류)에서 다른 사람이 '대박맛집'이라는 이름으로 옷을 파는 것까지 막을 수는 없다는 뜻입니다. (물론 아주 유명한 상표의 경우에는 다른 상품류에도 그 효력이 미치는 경우가 있긴 합니다만, 일반적인 경우는 아니니 참고만 하세요.)

이것도 아파트 비유로 설명해 드릴까요? 만약 우리 아파트 바로 윗집인 43동 801호에서 밤마다 쿵쿵거리며 층간소음이 너무 심해서 경비실에 신고하려면, 당연히 "43동 801호가 너무 시끄러워요!" 하고 정확하게 신고해야 경비 아저씨가 출동하시겠죠? 그런데 엉뚱하게 "저기 24동 801호가 시끄러워요!" 하고 신고하면, 경비 아저씨가 아무리 24동 801호에 찾아가 봐야 아무런 조치도 받을 수 없는 것과 똑같습니다.

그래서 혹시 사장님께서 다른 업체로부터 상표권 침해 내용증명을 받으셨다면, 가장 먼저 그 **내용증명을 보낸 사람(상표권자)의 상표가**

과연 몇 '류(동)'에 등록되어 있는지부터 꼼꼼하게 확인해보셔야 합니다. 아주 가끔이지만, 전혀 다른 '상품류(동)'에 등록된 상표권을 가지고 엉뚱하게 우리 음식점 사장님께 시비(?)를 거는 황당한 경우도 있거든요.

5. 상표등록, '나중에'는 없습니다! 지금 바로 서두르셔야 합니다!

사장님, 요즘 지식재산권과 관련된 법이 점점 더 강화되고 있는 추세라는 것을 피부로 느끼고 계실 겁니다. 그만큼 대한민국 안에서 내가 마음대로 쓸 수 있는 좋은 상표 이름이나 로고도 하루가 다르게 빠르게 사라지고 있다는 뜻이기도 합니다. 내가 "아, 이 이름 정말 좋은데!" 하고 생각하고 있다면, 이미 다른 누군가도 똑같은 생각을 하고 특허청에 달려가고 있을지도 모르는 일입니다.

상표권을 제대로 소유하고 있다는 것은, 그만큼 남들이 함부로 넘볼 수 없는 '희소성' 있는 무기를 하나 장착하는 것이고, 다른 경쟁 업체들보다 아주 조금이라도 더 앞서나갈 수 있는 강력한 '경쟁력'을 갖추는 것입니다.

그러니 사장님, 지금 창업을 막 준비하고 계시거나, 혹은 이미 가게를 운영하고 계시지만 아직 우리 가게 이름이나 로고에 대한 상표등록을 안 하셨다면, 다른 건 다 제쳐두고라도 이 **상표권 문제부터 꼭! 반드시! 하루라도 빨리 확인하시고 준비**하시기를 간곡히, 또 간곡히 부탁드립니다다. 나중에 저처럼 피눈물 흘리시는 일, 절대 없으셔야 하잖아요.

(1) 사장님께 드리는 상표등록 꿀팁!

물론 아무 단어나 그림이나 다 상표로 등록할 수 있는 건 아닙니다. 너무 일반적이거나 흔한 단어(예: '맛집', '최고 커피'), 상품의 품질이나 특징을 그대로 설명하는 단어(예: '신선한 야채', '달콤한 케이크'), 혹은 다른 사람의 등록상표와 너무 비슷해서 혼동을 일으킬 수 있는 것 등은 상표로 등록받기 어렵습니다. 이런 세부적인 부분은 반드시 변리사 같은 전문가와 충분히 상담하신 후에 진행하시는 것이 가장 확실하고 안전합니다. 아, 그리고 아주 중요한 팁 하나 더 드리자면요! 예쁜 그림이나 로고로 디자인된 **'이미지 상표'보다는, 글자 그 자체로 된 '문자 상표'로 등록하시는 것이 나중에 상표권의 권리 범위를 더 넓게 인정받는 데 유리**할 수 있다는 점, 살짝 귀띔해 드립니다!

내용증명 받으셨다고요? 억울함보다는 '반성'이 먼저일 수 있습니다

제가 이렇게 길고 장황하게 상표권 이야기를 쓰게 된 진짜 이유는 어떤 사장님께서 온라인 커뮤니티에 올리신 글을 봤기 때문입니다. 상표권 침해로 내용증명을 받으셨는데, 너무나도 억울하고 분하다면서 상대방 업체명까지 공개적으로 거론하셨더라고요.

그 마음, 저도 백번 천번 이해합니다. 왜냐하면 저도 처음 내용증명을 받았을 때, 하늘이 무너지는 것 같았고, 세상 모든 게 불공평하게 느껴졌고, 상대방 프랜차이즈 업체가 너무나도 야속하고 원망스러웠으니까요. "내가 뭘 그렇게 잘못했는데! 나는 그냥 열심히 장사한 죄밖에 없는데!" 하면서요.

하지만 사장님, 시간이 지나고, 상표권에 대해 하나하나 어렵게 공부해나가면서 저는 깨달았습니다. 그때 그 프랜차이즈 업체에서 저에게 내용증명을 보냈던 것은, 그들이 악덕 기업이거나 저를 괴롭히려고 작정해서가 아니라, **제가 그들의 소중한 '상표권'이라는 재산권에 대해 너무나도 무지했고, 결과적으로 그들의 권리를 침해했기 때문**이라는 사실을요. 돌이켜보면, 결국 제가 누군가의 '잘 꾸며진 아파트'에 허락도 없이 무단으로 들어가서 내 집인 양 살고 있었던 것이나 마찬가지였습니다.

그러니 혹시라도 이 글을 읽고 계신 사장님들께서도 상표권 관련 내용증명을 받으셨다면, 물론 처음에는 당황스럽고 억울한 마음이 드시는 것이 당연합니다. 하지만 그 내용이 정말로 법적인 침해에 해당하는지 아닌지는 **반드시 변리사님과 같은 전문가와 객관적으로 상담을 받아보시고, 만약 침해가 맞다는 결론이 나온다면, 억울한 마음보다는 "아, 내가 다른 사람의 소중한 권리를 미처 알지 못하고 침해했구나." 하는 죄책감과 함께 진심으로 반성하는 마음을 먼저 가지셔야 한다**고 생각합니다.

사장님께 내용증명을 보내는 그 상표권자는 대부분의 경우 사장님을 못살게 굴려는 나쁜 사람이 아닙니다. 그저 자신이 오랜 시간과 노력을 들여 쌓아 올린 소중한 브랜드, 즉 자기 물건과 자기 권리를 다른 사람이 함부로 쓰는 것을 원하지 않는, 어쩌면 우리와 똑같은 평범한 사람일 뿐입니다.

아, 물론 아주 가끔이지만, 등록된 상표를 마치 무기처럼 휘두르면서 순진한 자영업자들에게 합의금만 뜯어내려는 악질적인 '상표 사냥꾼(상표꾼)'들도 분명히 존재합니다. 뭐, 이런 사람들은 어쩔 수 없죠. 어느 세상에나 나쁜 X들은 존재하기 마련이니까요. 하지만 대부분의 경우는 그렇지 않다는 말씀을 꼭 드리고 싶습니다.

— 제27장 ———————————

사장님, '내 가게 이름표' 인터넷으로 직접 다는 법!
(특허로 상표출원 A to Z, 비용까지 총정리)

 사장님, 지난번 이야기에서 우리 가게 이름과 로고, 즉 '상표'를 정식으로 등록하는 것이 얼마나 중요한지, 그리고 그걸 소홀히 했다가 저처럼 피눈물 흘리는 수가 있다는 말씀을 귀에 못이 박히도록 드렸죠? 아마 그 글을 읽고 나서 많은 사장님들이 이런 생각을 하셨을 겁니다. "아이고, 그래서 그 중요한 상표등록, 대체 어떻게 하는 건데? 무조건 변리사 사무실부터 찾아가야 하나? 그거 돈 엄청 많이 드는 거 아니야?" 하고 또다시 머리를 싸매고 계실지도 모르겠습니다.
 물론 가장 확실하고 전문적인 방법은 실력 있는 변리사님의 도움을 받는 것입니다. 하지만 "나는 일단 한번 내 손으로 직접 도전해보고 싶다!" 혹은 "초기 비용이라도 조금 아껴 보고 싶다!" 하시는 용감하고 알뜰한 사장님들도 분명 계실 겁니다.
 그래서 오늘은 바로 그런 사장님들을 위해, 예전처럼 복잡한 서류 싸들고 특허청까지 직접 찾아가지 않아도, 우리 사장님들이 가게에 앉아서! 컴퓨터로! 직접! 비교적 간편하게 상표출원을 할 수 있는 방법을 알려 드리려고 합니다. 바로 특허청에서 운영하는 '특허로(https://www.patent.go.kr/smart/portal/Main.do)'라는 아주 고마운 웹사이트를 통해서인데요.

생각보다 그렇게 어렵거나 무섭지 않으니, 저만 믿고 차근차근 한번 따라와 보시죠! 제가 아는 선에서 최대한 쉽고 자세하게, 비용 문제까지 속 시원하게 설명해 드리겠습니다.

1. '전투'에 나서기 전, '총알'부터 든든히 챙겨야죠! (상표출원 온라인 신청 준비 단계)

자, 본격적으로 온라인 상표출원이라는 '전투'에 뛰어들기 전에, 몇 가지 기본적인 '총알(준비물)'부터 챙겨야 합니다.

1) **"특허청에 '나'를 알려야죠!" (특허고객번호 발급받기)**: 가장 먼저 하실 일은, 특허청에 "저 앞으로 상표출원 같은 거 하려는 사람인데요!" 하고 사장님을 정식으로 등록하는 절차입니다. 어렵지 않습니다. '특허로' 웹사이트에 접속하셔서 회원가입만 하시면, 마치 은행에서 계좌번호 받듯이 '특허고객번호'라는 것이 자동으로 발급됩니다. 이건 사장님께서 앞으로 특허청 관련 업무를 보실 때 계속 사용하게 될 고유번호이니, 잘 기록해 두셔야 합니다.

2) **"진짜 본인 맞으시죠?" (공인인증서 또는 특허청 인증서 등록)**: 인

터넷으로 하는 모든 중요한 업무에는 반드시 '본인 확인' 절차가 따르죠? 상표출원도 마찬가지입니다. 사장님께서 평소 은행 거래하실 때 사용하시는 공인인증서(요즘은 공동인증서, 금융인증서 등 이름이 다양하죠?)나, 혹은 특허청에서 따로 발급하는 **특허인증서**를 '특허로' 사이트에 미리 등록해두셔야 합니다. 이게 있어야 "네, 접니다! 제가 신청하는 거 맞아요!" 하고 증명할 수 있으니까요.

2. 자, 이제 진짜 '출원(신청)'하러 가 볼까요? (온라인 상표출원 4단계 핵심 절차)

기본 준비가 끝났다면, 이제 용기를 내서 진짜 상표출원 절차를 밟아 볼 시간입니다!

1) **'특허로' 웹사이트 접속해서 길 찾기**: 먼저 '특허로(https://www.patent.go.kr/smart/portal/Main.do) 웹사이트에 접속하셔서, 아까 발급받은 특허고객번호와 등록해둔 인증서로 로그인을 합니다. 그리고 사이트 메뉴 중에서 '온라인 출원' 또는 '전자출원'이라고 되어 있는 곳을 찾으시고, 그 안에서 **'상표 출원'** 버튼을 용감하게 클릭하시면 됩니다! (웹사이트 디자인은 가끔 바뀔 수 있으니, 비슷한 이름의 메뉴를 잘 찾아보세요!)

2) **'우리 가게 이름표(상표)' 내용 꼼꼼하게 적기 (출원서 작성)**: 이제

부터가 정말 중요합니다. 화면에 나오는 상표출원서 양식에 맞춰서 필요한 정보들을 하나하나 정확하게 입력해야 합니다.

○ **출원인 정보**: 신청하시는 사장님의 성함, 특허고객번호, 주소, 연락처 등을 적습니다.

○ **상표 견본(견본 이미지)**: 우리가 등록하려는 상표의 샘플, 즉 가게 이름(문자), 로고(그림), 혹은 이 둘을 합친 모양 등을 이미지 파일로 만들어서 업로드해야 합니다. 이때, 상표 이미지는 나중에 상표권의 얼굴이 될 아주 중요한 자료이니, **깨끗하고 선명한 고화질 파일(보통 JPG, PNG, GIF 등)로 미리 준비**해두시는 것이 좋습니다. 첫인상이 중요하잖아요?

○ **지정상품(서비스업)**: 이 상표를 어떤 상품이나 서비스에 사용할 것인지를 구체적으로 적어야 합니다. 우리 음식점 사장님들은 지난 시간에 배운 것처럼 주로 **'제43류'를 선택하시고, 그 안에서 '한식점업', '중식점업', '카페업', '주점업'** 등 사장님 가게에 맞는 세부 항목들을 선택하시면 됩니다. (하나의 상품류 안에서 지정상품은 기본 10개까지 선택 가능하고, 10개를 넘어가면 추가 비용이 붙습니다.)

3) **"출원료는 내고 시작해야죠!" (온라인으로 수수료 납부)**: 사장님, 세상에 공짜 점심은 없다고 하죠? 상표를 출원하는 데도 당연히 국가에 내야 하는 수수료(관납료)가 붙습니다. 이 수수료는 특허로 사이트 내에서 바로 온라인으로 납부하거나, 인터넷 지로 사이

트, 또는 농협은행 가상계좌 등을 통해 납부할 수 있습니다. 돈까지 다 내셨으면, 마지막으로 내가 적은 내용 중에 혹시라도 틀린 부분은 없는지, 빠뜨린 부분은 없는지 눈을 부릅뜨고 다시 한번 꼼꼼하게 확인하신 후에! 떨리는 마음으로 **'최종 제출'** 버튼을 누르시면 됩니다!

4) **"내 신청서, 잘 들어갔나?" (출원번호 꼭! 챙기세요!)**: 출원서가 성공적으로 특허청에 접수되면, 바로 그 자리에서 또는 잠시 후에 '출원번호'라는 것이 발급됩니다. 이 출원번호는 앞으로 내 상표가 특허청에서 어떻게 심사받고 진행되는지 그 과정을 조회하거나, 혹시라도 특허청에 문의할 일이 생겼을 때 반드시 필요한, 일종의 **'내 상표 신청서 접수증 번호'** 같은 아주 중요한 번호입니다. 그러니 절대 잃어버리지 마시고, 화면을 캡처해 두시거나, 인쇄해 두시거나, 아니면 수첩에라도 꼭! 정확하게! 적어 두셔야 합니다!

3. "사장님! 돈 안 내면 지금까지 한 거 다 말짱 도루묵입니다!" (가장 중요한 주의사항: 출원료 납부 기한!)

사장님, 제가 오늘 드리는 말씀 중에 딱 하나만 기억하셔야 한다면 바로 이겁니다! 이거 정말 아무리 아무리 강조해도 지나치지 않습니다! 온라인으로 상표출원서를 다 작성하고 '제출' 버튼까지 성공적으로 누르셨다고 해서 모든 게 끝난 것이 절대 아닙니다!

출원료는 반드시! 무슨 일이 있어도! 출원서를 제출한 다음 날까지 납부를 완료하셔야 합니다!

만약 이 기간 안에 깜빡 잊고 돈을 안 내시면 어떻게 될까요? 네, 사장님께서 그동안 공들여 작성하신 출원서는 그냥 휴지조각이 될 수도 있습니다. 물론 특허청에서 그렇게 매정하게 바로 취소시키지는 않고요, "사장님, 돈 안 내셨던데, 언제까지는 꼭 내셔야 합니다! 안 그러면 사장님 신청서는 그냥 없는 걸로 처리될 거예요!" 하는 내용이 담긴 '수수료 미납에 대한 보정요구서'라는 무시무시한(?) 편지가 날아옵니다. 그럼 또 그 지정된 기간 안에 부랴부랴 돈을 내야 하는 번거로움이 생기니, 애초에 출원서 제출하시고 바로 잊지 말고 다음 날까지는 꼭! 출원료를 납부하시는 것이 속 편하고 안전합니다. "사장님, 돈 문제는 항상 확실하게!"

4. '출원'했다고 다 끝난 게 아니라고요? (출원 후 과정과 진짜 '내 권리'가 생기는 시점)

자, 이렇게 온라인으로 상표출원도 마치고, 출원료까지 깔끔하게 납부하셨다면, 이제 한시름 놓으셔도 될까요? 네, 일단 큰 고비는 넘기셨습니다! 온라인으로 상표출원하는 거, 생각보다 그렇게 어렵거나 복잡하지 않죠? 예전처럼 무슨 특별한 프로그램을 컴퓨터에 설치해야 하는 번거로움도 없고, 처리도 비교적 빠릅니다.

하지만 사장님, 이렇게 '**출원**'을 성공적으로 마쳤다고 해서 바로 그 상표가 "이제부터 이건 내 거야! 아무도 못 써!" 하고 법적인 권리가 생기는 것은 절대 아닙니다. 출원 단계에서는 단지 "내가 이 날짜에, 이 이름(상표)을, 이런 상품(서비스)에 사용하겠다고 특허청에 공식적으로 찜했습니다!" 하는 '출원일(신청일)'을 확보하는 것 외에는 사실상 다른 특별한 법적 권리가 바로 발생하는 것은 아닙니다.

진짜 내 가게 이름표에 대한 강력한 '독점권', 즉 **상표권이 생기려면**, 출원 후에 특허청 심사관님들의 아주 꼼꼼하고 까다로운 심사 과정을 거쳐서 "네, 사장님께서 신청하신 이 상표, 등록해 드리겠습니다!" 하는 '등록 결정'을 받고, 그 후에 또 등록료까지 다 납부해서 최종적으로 '상표등록원부'라는 공식 문서에 사장님 이름과 상표가 딱! 올라가야만 비로소 완전하고 강력한 **상표권을 획득**하게 되는 겁니다. 이 심사 과정에서 심사관님께서 "사장님, 신청하신 내용 중에 이 부분은 좀 수정해 주셔야겠는데요?" 하고 '보정 요구'를 하실 수도 있고요, 혹은 안타깝게도 "이 상표는 이러이러한 이유로 등록해 드릴 수 없습니다" 하고 '거절 결정'이 나올 수도 있습니다.

그러니 사장님, 상표출원은 내 소중한 브랜드를 지키기 위한 아주 중요한 '첫걸음'일 뿐이라는 점, 절대 잊지 마세요! 하지만 이 첫걸음을 신속하고 정확하게 내디뎌야만, 최종 목적지인 '완벽한 상표권 확보'라는 달콤한 열매에 더 빨리 도달할 수 있다는 것도 꼭 기억해 주시고요!

5. "그래서, 결국 돈은 얼마나 드는 건데요?" (상표출원 및 등록 관련 특허청 공식 비용 상세 안내)

자, 이제 가장 현실적인 문제, 바로 '비용'에 대해 알아보겠습니다. 상표를 출원하고 등록하는 데는 특허청에 내야 하는 공식적인 수수료, 즉 '관납료'가 발생합니다. 이건 변리사 수수료와는 별개로, 나라에 내는 세금 같은 거라고 생각하시면 됩니다.

(1) 심사, "좀 빨리 받을 순 없나요?" - 우선심사 신청 시 비용

"사장님, 저는 1년씩이나 못 기다려요! 좀 더 빨리 심사받고 싶은데요!" 하시는 분들을 위해 '우선심사'라는 제도가 있습니다. 말 그대로 다른 신청 건들보다 먼저 심사를 해 달라고 요청하는 건데요, 당연히 '급행료'가 추가로 붙습니다.

- **출원 시 관납료 (1개 상품류 기준)**: 이건 일반심사랑 똑같습니다. **46,000원** (전자출원으로 신청하고, 그 상품류 안에서 지정상품을 10개 이하로 선택했을 경우 기준입니다.) 만약 지정상품을 10개 넘게 선택하시면, 그 넘어가는 상품 하나당 **2,000원씩 추가**됩니다.
- **우선심사 신청료 (1개 상품류 기준)**: 이게 바로 '급행료'에 해당하는 추가 비용입니다. 상품류 구분 하나당 **160,000원**이 더 들어갑니다.
- **등록 시 관납료 (10년 치 권리료)**: 이것도 일반심사랑 똑같습니다.

심사를 통과해서 최종 등록 결정을 받으면, 10년 치 상표권 유지 비용으로 **211,000원**을 한꺼번에 납부하셔야 합니다.

(2) "저는 시간 많아요, 느긋하게 기다릴게요" - 일반심사 신청 시 비용

"저는 뭐 그렇게 급하지 않아요. 그냥 순서대로 천천히 심사받을래요." 하시는 분들은 일반심사로 진행하시면 됩니다.

- **출원 시 관납료 (1개 상품류 기준)**: 위 우선심사랑 똑같습니다. **46,000원** (전자출원, 지정상품 10개 이하 기준). 특허청에서 미리 정해 놓은 표준 상품 명칭(고시 명칭)을 그대로 사용하셔도 가격은 똑같고요, 지정상품이 10개를 넘어가면 초과하는 상품 하나당 **2,000원**씩 추가되는 것도 같습니다.
- **등록 시 관납료 (10년 치 권리료)**: 이것도 우선심사랑 똑같습니다. 10년 치 권리료로 **211,000원**을 한꺼번에 납부하시면 됩니다.
  ○ 만약 "아, 21만 원 한꺼번에 내는 거 좀 부담스러운데…" 하시면, **5년씩 두 번에 걸쳐 분할 납부**하실 수도 있습니다. 이때는 **한 번 낼 때마다 126,000원씩, 총 252,000원**이 들어서 한꺼번에 내는 것보다는 조금 더 비싸집니다. 이 등록료 안에는 등록세 및 지방교육세 같은 세금도 다 포함된 금액입니다.

'내 가게 이름표 달기', 첫 단추는 '셀프 온라인 출원'으로 용감하게 도전해 보세요!

사장님, 오늘 저와 함께 온라인으로 직접 상표출원하는 방법과 그 비용에 대해 아주 자세하게 알아봤습니다. 물론 이 모든 과정을 변리사님의 전문적인 도움을 받아서 진행하시면 훨씬 더 수월하고, 성공 확률도 높이고, 시간도 아낄 수 있다는 장점이 분명히 있습니다.

하지만 "내 사업의 첫 시작, 내 브랜드의 첫걸음인데, 내 손으로 직접 한번 해 보고 싶다!"는 뜨거운 용기와 도전 정신을 가진 사장님들도 분명 계실 거라고 생각합니다.

상표 출원은 우리 가게의 소중한 브랜드를 지키기 위한, 정말이지 아무리 강조해도 지나치지 않은 아주 중요한 첫걸음입니다. 오늘 제가 알려 드린 이 간단한(?) 온라인 절차를 통해 사장님께서 직접, 신속하게 그 소중한 첫 단추를 잘 끼우시고, 최종적으로는 누구도 넘볼 수 없는 사장님만의 강력한 상표권을 확보하셔서, 그 이름 아래 사장님의 소중한 브랜드를 안전하게 보호하고 멋지게 키워 나가시기를 진심으로, 뜨겁게 응원하겠습니다!

제28장

사장님, 상표권 소송 해 보셨나요?
(피눈물로 써 내려간 어느 자영업자의 상표권 분쟁 실록과 현실 조언)

이전 프랜차이즈 업체의 상표권 내용증명 덕분에 '상표권'이라는 것에 대해 정말 뼈저리게, 그리고 아주 절실하게 공부하게 되었습니다. 그리고 이전 상표는 깨끗하게 포기하고, 수많은 고민과 노력 끝에 **'찜콩 찜닭&콩나물불고기●'** (사장님들 이해를 돕기 위해 제 상표를 이렇게 표시하겠습니다)라는 새로운 상표를 만들어 특허청에 출원하고 정식으로 등록까지 마쳤습니다. 이제 정말 상표권 문제로는 두 번 다시 고생할 일 없겠다고, 안도의 한숨을 내쉬었죠. 하지만 제 안일한 생각은 그리 오래가지 못했습니다. 얼마 지나지 않아, 제가 애지중지 등록한 그 상표와 너무나도 유사한 상표인 **'찜꽁 찜닭○'** (이하 상대방 상표)을 사용하는 업체가 갑자기 나타난 것입니다.

제 소중한 권리를 지키기 위해 이번에는 제가 먼저 프랜차이즈 본사에 내용증명을 보냈습니다. 하지만 상대방은 제 요구를 무시하고 계속해서 상표를 사용했고, 결국 저는 제 권리를 찾기 위해 또다시 기나긴 상표권 소송의 길로 들어서게 되었습니다.

저는 '상표권 사용금지 가처분 소송'을 2심까지 진행했습니다. 그 결과를 간단히 말씀드리면 이렇습니다.

구분	내용
1심 결과 (제가 졌습니다)	"상대방 찜꽁 상표, 아직 특허청 심사 중이라 지금 당장 가처분으로 사용을 막기는 어렵습니다. 일단 기각합니다."
2심 결과 (또 졌습니다)	"특허청에서 상대방 찜꽁 상표가 사장님 찜콩 상표와 유사해서 등록 거절된 건 알겠습니다. 하지만 그렇다고 해서 지금 당장 사장님께서 회복 불가능한 큰 피해를 입고 있다고 보기는 어려우니, 이번에도 가처분 신청은 기각합니다. 다만, 상표권 침해 자체는 충분히 인정될 여지가 있으니, 그 문제는 나중에 본안 소송에 가서 정식으로 해결하세요."

솔직히 2심 재판장님께서 "가처분 소송은 상표권 침해다, 아니다를 최종적으로 판결하는 곳이 아닙니다." 라고 또렷하게 말씀하셨을 때, 정말 억울하고 답답한 마음을 금할 길이 없었습니다. 학교에서는 분명히 '재판의 기능은 억울한 시민을 구제해 주는 것'이라고 배웠는데, 제가 직접 겪은 현실은 너무나도 달랐으니까요. 하지만 이 모든 험난한 과정을 겪으면서 저는 정말 값비싼 수업료를 내고 피눈물과 함께 많은 것을 배우고 성장했습니다.

지금부터 제가 들려 드릴 이야기는, 바로 그렇게 제가 지금까지 상표권 소송을 진행하면서 겪었던 그 모든 일들과 감정들, 그리고 그 과정에서 얻은 약간의 지식들을 가감 없이 솔직하게 정리한 기록입니다. 사장님, 이제 사업을 함에 있어서 '지식재산권', 특히 '상표권'의 중요성은 아무리 강조해도 지나치지 않을 만큼 커지고 있습니다. 지금 이 글을 읽고 계신 사장님께서 앞으로 새로운 사업을 시작하시거나 기존 사업을 확장하고자 하신다면, 상표권 분쟁은 더 이상 남의 이야기가 아닐 수 있다는 것을 꼭 기억해 주셨으면 합니다.

이 글은 변호사, 판사, 변리사, 특허청 심사관 같은 법률 전문가의 딱딱하고 어려운 관점에서 쓰인 것이 아닙니다. 지극히 평범한 개인, 그것도 음식점 장사밖에 모르던 한 자영업자의 입장에서 처절하게 겪고 느낀 상표권 소송 이야기입니다. 그래서 법률 용어를 그대로 사용하기보다는 우리가 일상생활에서 흔히 쓰는 단어들을 많이 사용하려고 노력했습니다. 그리고 제가 주로 외식업에 종사했다 보니, 글에 나오는 대부분의 사례들이 외식업 위주라는 점, 미리 참고해 주시면 감사하겠습니다.

1. 상표권 소송, 싸움에 뛰어들기 전에 이것만은 꼭 알고 가세요!

사장님, 혹시라도 상표권 문제로 "에잇, 더러워서 못 참겠다! 소송까지 가자!" 하고 마음먹고 계신다면, 본격적인 싸움에 뛰어들기 전에 반드시 알아 두셔야 할 몇 가지 아주 중요한 내용들이 있습니다. 이걸 모르고 무작정 시작하시면, 소중한 시간과 돈은 물론이고, 사장님의 정신적인 고통까지 상상 이상으로 커질 수 있다는 것을 제 경험을 통해 먼저 말씀드립니다.

특허법원? 일반법원? 상표권 소송은 어디서 어떻게 다뤄질까요?

우리나라의 국가 권력은 크게 세 가지로 나뉘어 있다는 것, 학교 다닐 때 어렴풋이 배우셨죠? 바로 입법부(국회, 법을 만드는 곳), 행정부(정부, 만들어진 법에 따라 나라 살림을 하는 곳), 그리고 사법부(법원, 만들어진 법에 따라 옳고 그름을 판단하고 분쟁을 해결하는 곳)입니다. 우리가 흔히 말하는 '소송'이나 '재판'은 당연히 이 사법부, 즉 법원에서 진행됩니다. 그리고 이 법원도 그 역할에 따라 대법원, 고등법원, 지방법원(여기까지를 보통 '일반법원'이라고 부르겠습니다), 행정법원, 그리고 특별법원(가정법원, 특허법원 등), 헌법재판소 등으로 아주 복잡하게 구성되어 있습니다.

여기서 우리 사장님들이 주목하셔야 할 부분! 각각의 법원들은 법을 해석하고 판결을 내리는 데 있어서 서로 독립적인 권한을 가지며, 다른 어떤 국가 권력의 간섭도 받지 않도록 되어 있다는 점입니다.

보통 우리가 "나 소송할 거야!" 하면 가장 먼저 떠올리는 곳이 바로 이 '일반법원'입니다. 법원에 소장을 제출하고, 법정에 나가서 변호사와 함께 상대방과 치열하게 다투고(변론), 판사님의 최종 판결을 받는, 우리가 드라마나 영화에서 많이 봤던 바로 그 그림이죠. 만약 우리가 다른 사람에게 "내 상표 함부로 쓰지 마세요!" 하고 그 사용을 금지하게 만들고 싶거나, 혹은 "당신 때문에 내가 상표권 침해로 이만큼 금전적인 손해를 입었으니 당장 물어내세요!" 하고 손해배상을 청구하려면,

바로 이 **일반법원의 판결**을 받아야 합니다.

그런데 여기서부터 문제가 꼬이기 시작합니다. 특정 상표가 정말로 다른 사람의 상표권을 침해했는지, 혹은 특정 상표가 애초에 상표로서 등록될 만한 가치가 있는 것인지 아닌지에 대한 **아주 전문적이고 기술적인 판단은 주로 '특허법원'이라는 특별법원에서 내립니다.** 일반법원 판사님들이 모든 분야의 전문가가 될 수는 없으니, 이런 특수한 지식재산권 관련 사건은 그 분야 전문가 판사님들이 모여 있는 특허법원에서 다루는 것이죠. 바로 이 부분 때문에 상표권 소송이 일반적인 민사 소송보다 훨씬 더 어렵고 복잡하게 느껴지는 겁니다.

더 골치 아픈 건 뭔지 아십니까, 사장님? 특허법원에서 "이건 상표권 침해가 아닙니다." 라고 판결을 내렸다고 해도, 일반법원에서 다른 여러 가지 사정들을 종합적으로 고려했을 때 "아니, 우리가 보기엔 이건 상표권 침해가 맞는데요? 그러니 손해배상하세요!" 하고 판결이 뒤집히거나, 반대로 특허법원에서 "이건 명백한 상표권 침해입니다!" 하고 판단했음에도 불구하고 일반법원에서 "음… 상표권 침해는 맞는데, 그래서 실제로 손해가 얼마나 발생했는지는 잘 모르겠는데요? 손해배상 못 해줍니다!" 하는 식으로 나올 수도 있다는 겁니다.

왜냐고요? 아까 말씀드렸듯이, 각 법원들은 법의 해석과 판결에 있어서 서로 독립적인 권한을 가지기 때문입니다. 그래서 상표권 소송에서 확실하게 이기려면, 경우에 따라서는 **특허법원에서 상표의 유효성이나 침해 여부에 대한 유리한 판결을 받고, 동시에 일반법원에서는**

그 판결을 근거로 손해배상이나 사용금지 같은 **구체적인 조치를 받아내야 하는, 아주 복잡하고도 지난한 과정**을 거쳐야 할 수도 있습니다. 물론 특허법원의 판결이 일반법원 판결에 어느 정도 영향을 미칠 수는 있겠지만, 각 법원의 판결이 전혀 다르게 나올 수도 있다는 점을 반드시 숙지하고 소송을 시작하셔야 합니다. "이거 정말 보통 일이 아니구나…" 싶으시죠? 네, 맞습니다.

> "제 억울함, 언제쯤 풀릴까요?" (안타깝지만, 법원의 판결은 생각보다 훨씬 더 오래 걸립니다.)

우리가 살면서 억울한 일을 당했을 때, "그래, 법대로 하자!" 하고 기댈 수 있는 최후의 보루 중 하나가 바로 법원입니다. 저도 처음 상표권 침해를 당했다는 사실을 알게 되고 소송을 결심했을 때, '그래, 이제 법원에 가면 내 억울함이 곧 시원하게 풀리겠지!' 하고 굳게 믿었습니다. 하지만 사장님, 안타깝게도 현실은 제 기대와는 너무나도 달랐습니다.

현재 우리나라 법원은, 우리 사장님들의 그 억울하고 답답한 사정을 지금 당장! 즉각적으로! 속 시원하게! 처리해 줄 수 있는 상황이 절대 아닙니다. 왜냐고요? 간단히 말해, **판사님들 숫자에 비해 처리해야 할 사건들이 너무나도 많기 때문입니다.**

통계 자료를 보면, 2016년에 전국 법원에서 민사 합의부(여러 명의 판사가 함께 재판하는 경우) 1심 재판이 판결까지 나오는 데 평균 322

일이 걸렸다고 합니다. 그런데 지금은 그 기간이 평균 386일 정도로 더 늘어났다고 하니, 안 그래도 느린데 최근에는 재판이 더욱더 지연되고 있는 실정입니다. 거의 1년 넘게 기다려야 1심 판결이라도 겨우 받아볼 수 있다는 이야기죠.

재판이 이렇게 자꾸 늦어지는 이유에 대해서는 여러 가지 이야기들이 있습니다만, 그중 하나로 법원 내부의 판사 승진제도가 변경되었기 때문이라는 분석도 있습니다. 예전에는 판사가 자신이 맡은 재판을 얼마나 많이, 그리고 빨리 처리했느냐가 승진에 중요한 요소였다고 합니다. 그런데 승진제도가 바뀐 이후로는, 사회적으로 큰 이슈가 될 만한 사건이나 언론의 주목을 받는 사건을 맡아서 잘 처리하는 판사들이 오히려 승진을 더 잘하게 되었다는 이야기가 들립니다. 즉, 묵묵히 열심히 일하는 판사보다는, 어쩌면 윗선이나 여론에 잘 보이는 판사들이 승진을 더 잘하는 구조가 되어 버렸다는 비판도 있는 것이죠.

심지어 젊은 판사들 사이에서는 "우리는 너무 힘들어서 일주일에 판결문 3건 이상은 절대 못 쓰겠다!" 라는 식의 암묵적인 합의가 법원 내부에서 공공연하게 돌고 있을 정도라는 충격적인 이야기도 들립니다. (물론 모든 판사님들이 그렇다는 것은 절대 아닙니다! 밤낮없이 격무에 시달리시는 훌륭한 판사님들도 정말 많으십니다.)

사장님, **시간은 곧 돈입니다.** 재판이 하루하루 늦어지면 그만큼 사장님께서 감당해야 할 변호사 비용, 증거 수집 비용, 그리고 무엇보다 그동안 사업을 제대로 못 하면서 입게 되는 경제적 손실과 정신적인 고통은 눈덩이처럼 불어날 수밖에 없습니다.

만약 사장님께서 지금 상표권 관련 소송을 준비하고 계신다면, 최종 판결을 받기까지 **가처분 소송은 최소 1년, 본안 소송은 최소 3년 이상**은 걸릴 수 있다고 마음의 준비를 단단히 하셔야 합니다. 그리고 그 긴 기간 동안 재판을 계속 진행할 수 있는 **충분한 여유자금과 시간을 반드시 확보하신 후에 소송을 시작**하셔야 합니다. 제가 이 글을 쓰게 된 가장 큰 이유 중 하나도 바로 이것입니다. 일단 소송을 시작하는 순간, 변호사 선임 비용부터 시작해서 각종 재판 진행 비용까지 합하면 **최소 1,000만 원은 우습게 깨집니다.** 만약 사장님께서 이 소송을 통해 얻을 수 있는 이익이 그 1,000만 원보다 적을 것 같다면, 정말 냉정하게 다시 한번 생각해보시고, 어쩌면 소송을 제기하지 않는 것이 더 현명한 선택일 수도 있다는 말씀을 드리고 싶습니다. "사장님, 싸움은 이길 수 있을 때, 그리고 이겨서 남는 게 있을 때 하는 겁니다!"

제29장

사장님, '찜콩'이나 '찜꽁'이나, 손님들 눈엔 '그게 그거'랍니다! (상표 유사 판단, 왜 이렇게 중요할까요?)

사장님, 우리가 장사를 하다 보면 "에이, 이거나 저거나 그게 그거 아니야?", "고작 글자 하나 다른데 뭘 그렇게까지 예민하게 굴어?" 하고 대수롭지 않게 넘기는 일들이 종종 있습니다. 저도 예전에는 그런 생각을 하며 살았습니다. 둥글게 둥글게, 좋은 게 좋은 거지 하면서요.

그런데 사장님, 이 **'상표의 세계'에서는 그 '고작 글자 하나 다른 것', 그 '한 끗 차이' 때문에 애지중지 키워온 우리 가게 간판을 하루아침에 내려야 할 수도 있고, 심지어 생각지도 못한 법적 분쟁에 휘말려 밤잠을 설치는 아주 무섭고도 억울한 일**이 벌어질 수도 있다는 것을, 저는 제 쓰라린 경험을 통해 뼈저리게 깨달았습니다.

오늘 제가 제 등록상표였던 '찜콩●'과, 저를 그토록 힘들게 했던 상대방의 상표 '찜꽁○' 이야기를 다시 한번 꺼내는 것은, 결코 지나간 일에 대한 개인적인 감정을 드러내거나 특정 프랜차이즈 업체를 비방하거나 공격하려는 의도가 있어서가 아님을 먼저 하늘에 맹세코 분명히 밝힙니다. 제가 과거의 아픈 기억까지 상세하게 들춰가며 이 글을 쓰는 이유는 단 하나입니다. 바로 지금 이 순간에도 저와 비슷한 어려움에 처해 계시거나, 혹은 앞으로 그러한 안타까운 상황에 놓일지도 모르는 **다른 수많은 선량한 사장님들께 제가 겪었던 실패의 경험을 통해 조금이나마 현실적인 도움을 드리고, 같은 실수를 반복하지 않으시도록 예방주사를 놓아드리고자 하는 순수한 공공의 목적 때문**입니다. 제가 '제 실패를 팝니다'라고 말씀드리는 것도 바로 이런 진심에서 우러나온 것이니, 부디 오해 없이 제 이야기에 귀 기울여 주시면 정말 감사하겠습니다.

자, 그럼 도대체 왜! 무엇 때문에! '찜콩'과 '찜꽁'처럼 언뜻 보기엔 한 글자 다른 이 두 이름이 법적으로는 "이거 너무 비슷해서 손님들 헷갈립니다! 같이 쓰면 안 됩니다!" 하고 판단받을 수 있는 건지, 그 무시무시하면서도 우리 사업의 운명을 좌우할 수 있는 '상표 유사 판단 기준'에 대해 한번 집중적으로 파헤쳐 보겠습니다.

"결국 손님들이 헷갈리면 그게 바로 문제입니다!" (상표 유사 판단의 핵심 원리)

제가 법원에 "상대방 '찜꽁 찜닭○'이 제 등록상표 '찜콩 찜닭&콩나물불고기●'의 권리를 침해했습니다!" 하고 주장했던 가장 핵심적인 논리는 바로 이것이었습니다. "판사님, 이름이 이렇게 비슷해서 손님들이 너무 헷갈리십니다."

(1) 가게 이름의 진짜 알맹이, '주요부'가 사실상 똑같습니다!

- 제 등록상표는 '찜콩 찜닭&콩나물불고기●' 이고, 상대방이 사용하던 상표는 '찜꽁 찜닭○' 이었습니다.
- 여기서 '찜닭'이라는 단어, '&콩나물불고기' 같은 부분은 음식의 종류를 나타내는 '보통명칭(아무나 다 쓸 수 있는 일반적인 단어)'이거나 부가적인 설명에 해당합니다. 이런 단어들은 그 자체로는 특정 가게만을 나타내는 독점적인 힘, 즉 '식별력'이 아주 약하거나 아예 없다고 봅니다. "사장님, 우리가 '대한민국 최고 맛집'이라는 간판을 단다고 해서, 다른 가게들이 '맛집'이라는 단어를 못 쓰게 할 수는 없잖아요? 그런 이치와 비슷하다고 보시면 됩니다."

그래서 법에서는 두 상표가 비슷한지 아닌지를 판단할 때, 이렇게 식별력이 약한 부분을 제외하고, **실제로 손님들이 그 상표를 기억하고 다른 상표와 구분하는 데 핵심적인 역할을 하는 부분, 즉 '주요부'를 중심으로 비교**합니다. 제 상표의 핵심은 당연히 '찜콩●'이었고, 상대방 상표의 핵심 역시 '찜꽁○'이었습니다. 결국 이 두 단어가 얼마나 비슷하냐가 관건이었던 거죠.

(2) "아무리 들어봐도 비슷하고, 아무리 뜯어봐도 비슷합니다! 이거 너무 헷갈리는데요?" (소리[호칭] 및 글자 모양[외관]의 치명적인 유사성)

자, 그럼 이 두 상표의 핵심 알맹이인 '찜콩'과 '찜꽁'을 한번 본격적으로 비교해 볼까요? 이게 왜 '그게 그거'일 수밖에 없는지, 제가 아주 쉽게 설명해 드리겠습니다.

- **첫째, 소리(호칭)가 너~ 무 비슷합니다!** "**손님 귀에는 그게 그거에요!**" 사장님, 지금 바로 한번 소리 내서 또렷하게 읽어보세요. "**찜콩**" 그리고 "**찜꽁**". 어떤가요? 몇 번 반복해서 빠르게 읽어 보면, 듣는 사람 입장에서는 정말 구분하기 어려울 정도로 비슷하게 들리지 않나요? 특히 우리나라 말의 발음 특성상, **'ㅋ(키읔)' 소리와 'ㄲ(쌍기역)' 소리는 성대의 울림이나 공기의 세기에서 약간의 차이가 있을 뿐, 기본적인 조음 위치나 방식이 매우 유사한 'ㄱ(기역)' 계열의 소리**입니다. 그래서 '콩(kong)'과 '꽁(kkong)'은 전화로 음식을 주문하거나, 친구나 가족에게 "야, 거기 맛집이라던데, 찜콩이냐 찜꽁이냐?" 하고 말할 때, 듣는 사람이 **충분히 '찜콩'을 '찜꽁'으로 잘못 알아듣거나, 그 반대로 착각할 가능성이 아주, 아주 높습니다.** 제가 실제로 겪었던 것처럼, 배달 기사님들이 저희 가게로 배달 와야 할 음식을 상대방 가게로 잘못 가져다주시거나, 손님들이 상대방 가게에 음식을 주문해 놓고 저희 가게에 전화해서 "사장님! 제 찜닭 대체 언제 오는 거예요!" 하고 버럭 화를 내셨던 그 모든 웃지 못할, 하지만 장사하는 입장에서는 피눈물 나는 혼란들이 바로 이 '**소리의 유사성**' 때문에 끊임없이 발생했던 겁니다. 손님들은 변리사나 판사님처럼 글자 하나하나를 음성학적으로 분석하면서 듣지 않거든요. 그냥 귀에 들리는 대로, "어, 저번에 그 찜X집!" 이렇게 기억하는 거죠.

- **둘째, 글자 모양(외관)도 전체적으로 풍기는 느낌이 너~ 무 비슷합니다! "간판 보고 찾아가려니, 여기가 거기 같고 거기가 여기 같고!"** 한글로 '찜콩'과 '찜꽁'을 나란히 써놓고 한번 뚫어져라 쳐다보세요. 물론 'ㅋ'과 'ㄲ'이라는 자음 첫 글자가 다르게 생긴 것은 맞습니다. 하지만 그 뒤에 따라오는 **모음 'ㅗ(오)'와 받침 'ㅇ(이응)'은 모양도, 소리도 완전히 동일합니다. 그리고 결정적으로 '찜'이라는 글자는 두 상표 모두 한 글자도 틀리지 않고 똑같이 사용**하고 있었죠. 하지만 바쁘게 지나가는 길거리에서 간판을 휙 하고 쳐다보거나, 수많은 가게 리스트가 뜨는 배달앱 화면을 빠르게 훑어볼 때, 과연 일반 손님들이 그 미세한 디자인 차이나 색깔 차이를 얼마나 정확하게 인지하고 구분할 수 있을까요? 제 경험상, 거의 불가능에 가깝습니다. 오히려 전체적으로 풍기는 이미지나 글자의 구성, 배열 등이 유사해서 "어? 저번에 봤던 그 찜닭집 간판이랑 비슷한데? 같은 집인가?" 하고 충분히 헷갈릴 수 있다는 겁니다.

- **셋째, 그렇다고 딱히 구별되는 특별한 의미(관념)가 있는 것도 아닙니다! "그래서 '콩'이랑 '꽁'이 찜닭이랑 무슨 상관인데요?"** 만약 '콩'이라는 단어가 저희 가게 찜닭의 핵심 재료인 '콩나물'을 의미하고, '꽁'이라는 단어가 상대방 가게의 특별한 '꽁치 육수'를 의미하는 것처럼, 두 단어가 찜닭이라는 음식과 관련해서 아주 명확하고도 구별되는 특별한 의미(관념)를 가지고 있었다면 이야기가 조금 달라졌을 수도 있습니다. 하지만 솔직히 '찜콩'이나 '찜꽁'이나, 찜닭과 관련해

서 무슨 대단하고 심오한 뜻이 담겨 있는 건 아니잖아요? 그냥 입에 착착 감기는 어감이나 재미있는 느낌을 주기 위해 사용하는 의성어 또는 의태어에 가깝다고 볼 수 있습니다. 그러니 손님들 머릿속에는 '아, 그 왜 발음도 비슷하고 글자도 비슷한 찜닭집 두 개 있잖아!' 하는 정도로만 기억될 가능성이 아주 높습니다. 뚜렷한 의미상의 차이가 없으니, 소리나 모양이 조금이라도 비슷하면 더더욱 혼동하기 쉬운 거죠.

(3) "결정적으로, 두 가게 다 똑같이 '찜닭' 파는 음식점 아닙니까!" (지정상품 및 서비스업의 동일·유사성)

그리고 이 모든 유사성을 더욱더 심각한 문제로 만드는 가장 결정적인 한 방이 있습니다! 바로 제 상표 '찜콩 찜닭&콩나물불고기●'와 상대방이 사용하던 상표 '찜꽁 찜닭○' 모두 '음식점업(상표법상 제43류)'이라는 동일한 서비스 분야에서, 그것도 똑같이 '찜닭'을 주요 메뉴로 판매하면서 사용되고 있다는 점입니다.

만약 제 상표가 '찜콩'이라는 이름의 유기농 콩 전문점 상표이고, 상대방 상표가 '찜꽁'이라는 이름의 냉동 꽁치 전문점 상표였다면, 이름의 발음이 아무리 비슷하다고 해도 손님들이 "어? 저 콩가게에서 꽁치도 파나?" 하고 헷갈릴 일은 거의 없겠죠. 하지만 두 가게 모두 똑같은 '찜닭'을 간판 메뉴로 내걸고 치열하게 경쟁하는 음식점이다 보니, 손님들은 당연히 "아, 그 찜콩인지 찜꽁인지 하는 그 찜닭집이 같은 회사에서 하는 체인점인가 보다", "어? 여기 원래 찜콩 아니었나? 이름이 찜꽁으로 바뀐 건가? 아니면 여기가 본점이고 저기가 분점인가?" 하고 **상품(서비스)의 출처에 대해 심각하게 오해하거나 혼동할 수밖에 없다는 겁니다.** 이걸 법에서는 '지정상품(또는 지정서비스업)의 동일·유사성'이라고 하는데, 이게 바로 상표 침해 판단에서 아주 결정적인 역할을 합니다.

(4) "결론은 이겁니다! 손님들만 헷갈리고 피해 보는 거 아닙니까!" (수요자 기만 및 상품 출처에 대한 오인·혼동의 우려)

자, 그럼 최종 결론이 뭘까요? 다시 한번 정리해 보겠습니다.

- 두 상표의 핵심적인 부분(주요부)이 **'찜콩'과 '찜꽁'으로 사실상 거의 같습니다.**
- 발음(호칭)도 너무 비슷해서 **전화 주문이나 일상 대화에서 혼동하기 너무나도 쉽습니다.**
- 글자 모양(외관)도 전체적으로 풍기는 느낌이 유사해서 **간판이나 광고물을 얼핏 보면 구분하기 어렵습니다.**
- 그렇다고 '콩'과 '꽁'이라는 단어가 찜닭과 관련해서 소비자들에게 **특별히 구별되는 뚜렷한 의미를 전달하는 것도 아닙니다.**
- 그리고 무엇보다, 두 가게 모두 똑같은 '찜닭'을 파는 '음식점'입니다. 이러니 일반 손님들 입장에서는 두 가게가 같은 집인지, 아니면 최소

한 어떤 특별한 관계(예: 본점-분점, 자매 브랜드 등)가 있는 집인지 **헷갈리지 않을 수가 없는 겁니다.**

이렇게 되면 어떤 심각한 문제가 생길까요? 앞서 말씀드린 것처럼,

- 손님들은 자기가 원래 가려고 했던 '**찜콩●**' **찜닭집 대신 실수로 '찜꽁○' 찜닭집에 음식을 주문**할 수도 있고, 그 반대의 경우도 얼마든지 생길 수 있습니다. (실제로 제가 수없이 겪었던 일입니다!)
- 혹은 '**찜꽁○' 찜닭집에서 음식이 맛이 없거나 서비스가 불친절해서 아주 안 좋은 경험을 한 손님이, 이름이 비슷하다는 이유만으로 "에이, 역시 찜콩인지 찜꽁인지 하는 그 집은 다 별로야!" 하고 제 가게까지 싸잡아서 안 좋은 이미지**를 갖게 될 수도 있는 거죠. 제가 아무리 열심히 해도, 다른 가게 때문에 억울하게 피해를 볼 수 있다는 겁니다.

이게 바로 상표법에서 가장 중요하게 생각하고, 또 가장 엄격하게 금지하려고 하는 '수요자 기만 및 상품 출처에 대한 오인·혼동의 우려'입니다. 아주 어렵고 복잡한 법률 용어 같지만, 아주 쉽게 풀어서 말하면, **"사장님들! 괜히 이름 비슷하게 지어서 손님들 헷갈리게 만들고, 정직하게 장사하는 다른 가게 피해주면서 공정하게 경쟁해야 할 시장 질서 흐리지 마세요!"** 바로 이겁니다.

제가 법원에 그토록 간절하게 호소했던 것도 바로 이 부분이었고, 나

중에 비록 많은 시간이 흐르고 많은 것을 잃은 뒤였지만, **특허청에서도 결국 제 주장을 상당 부분 인정해서, 상대방 '찜꽁 찜닭○' 상표가 제가 먼저 등록한 '찜콩 찜닭&콩나물불고기●' 상표와 유사해서 일반 소비자들이 그 출처에 대해 오인·혼동할 우려가 매우 높다는 이유로 그 등록을 거절하는 결정**을 내렸습니다. 그때 얼마나 속이 후련하면서도 한편으로는 허탈했는지 모릅니다. "거봐요! 내가 처음부터 그렇게 이야기했잖아요! 전문가들이 보기에도 이건 너무 비슷하고 헷갈린다니까요!" 하고 저도 모르게 속으로 외쳤던 기억이 아직도 생생합니다.

사장님, 상표권 분쟁이라는 것이, 그리고 상표의 유사성을 판단한다는 것이 이렇게나 복잡하고도 미묘한 문제를 다루는 것입니다. 단순히 "어? 내 눈에는 별로 안 비슷해 보이는데? 글자 하나 다르잖아!" 하는 지극히 주관적인 느낌이나 단순한 판단만으로는 절대 해결될 수 없는, 아주 전문적이고도 객관적인 법의 영역이라는 것을 이번 기회를 통해 꼭 알아 두셨으면 좋겠습니다.

사장님, 제가 오늘 이렇게까지 구구절절 '찜콩'과 '찜꽁'의 유사성에 대해 자세하게 말씀드리는 이유는, 결코 제 개인적인 하소연을 하거나 지나간 싸움의 잘잘못을 따지려는 것이 아님을 다시 한번 강조 드립니다. 그저 상표라는 것이 우리 자영업자들에게 얼마나 중요하고도 무서운 존재가 될 수 있는지, 그리고 '이 정도는 괜찮겠지' 하는 안일한 생각이 나중에 얼마나 큰 대가를 치르게 하는지를 다른 사장님들께서는 부디 저처럼 직접 경험하지 않으셨으면 하는 간절한 마음, **오직 공공의 이익을 위한 마음뿐**입니다.

그러니 사장님, 앞으로 새로운 가게 이름을 짓거나 소중한 브랜드를 만드실 때, 단순히 '내 마음에 쏙 드는 예쁜 이름'을 넘어, **"혹시 내가 쓰려는 이 이름이 다른 사람이 이미 애써 키워놓은 소중한 이름과 너무 비슷해서 손님들이 헷갈리지는 않을까?", "혹시라도 나도 모르게 다른 사람의 권리를 침해하게 되는 건 아닐까?" 하는 고민을 정말 깊이, 아주 깊이, 그리고 반드시 해보셔야 합니다.** 그 작은 고민과 신중한 검토 하나가, 나중에 사장님의 소중한 사업 전체를 지키는 가장 튼튼하고도 확실한 방패가 되어 줄 수 있을 거라고, 제 모든 실패 경험을 걸고 감히 말씀드립니다.

마무리

제30장

사장님, 성공은 운입니다.
그러니 우리는 '실패하지 않는 법'부터 배워야 합니다.

사장님, 여기까지 오시느라 정말 고생 많으셨습니다.

머리 아픈 세금 이야기부터, 복잡한 노동법, 가슴 답답한 상표권 분쟁까지… 어쩌면 장사하는 것보다 더 힘들고 어려운 이야기들을 저와 함께 꽤 오랜 시간 나눠 오셨습니다. 제가 이 모든 길고 장황한 이야기들을 사장님들께 꺼내 놓은 이유는 아주 간단명료합니다.

제가 겪었던 그 수많은 실패들, 그 뼈아프고 창피하기까지 했던 실수들을, 지금 이 글을 읽고 계신 다른 사장님들께서는 부디 똑같이 겪지 않으셨으면 하는 간절한 마음 때문이었습니다.

저는 장사를 하면서, 그리고 그만두면서 한 가지를 아주 뼈저리게 깨달았습니다. 바로 '성공'이라는 것에는 사실 어떤 대단한 비법이나 명확한 공식이 있는 게 아니라는 사실입니다. 하지만 반대로, **'실패'에는 아주 놀라울 정도로 명확한 공식과 반복되는 이유가 있더군요.**

계획 없이 그저 '감'으로만 시작했다가 방향을 잃고 헤매는 **실패**.

세금을 제대로 알지 못해서 나중에 힘들게 번 돈을 '세금 폭탄'으로 맞아 허망하게 날리는 **실패.**

　노동법에 무지해서 소중한 직원과 돌이킬 수 없는 분쟁에 휘말리고 마는 **실패.**

　내가 애지중지 키운 소중한 가게 이름과 브랜드를 지키지 못해 하루 아침에 모든 것을 잃어버리는 **실패.**

　온라인 세상의 흐름을 읽지 못하고, 손님을 어떻게 모셔와야 하는지 몰라 텅 빈 가게를 보며 한숨 쉬는 **실패.**

　저는 이 모든 실패들을, 어쩌면 이보다 더 많은 실패들을 제 소중한 돈과 시간, 그리고 마음의 상처라는 값비싼 수업료를 내고 직접 겪었습니다. 그리고 제 모든 부끄러운 실패담을 이렇게 하나하나 꺼내놓은 것은, 사장님들께서는 부디 저와 같은 구덩이에 빠지지 마시고, 그 실패들을 미리 피해 가시라는 의미에서입니다. **제 실패가 사장님들께는 '미리 보는 오답 노트'가 되었으면 하는 바람**, 그것이 제가 이 글들을 쓰게 된 유일한 이유입니다.

　그렇다면 성공은 어떻게 찾아올까요?

　솔직하게 말씀드리면, **저는 성공은 '운'이라고 생각합니다.**

　물론, 사장님의 실력도 중요하고 피땀 흘리는 노력도 정말 중요합니다. 하지만 결국 결정적인 순간에는 시대를 잘 만나거나, 좋은 사람(직원, 파트너, 혹은 손님)을 만나거나, 우연히 기가 막힌 아이템을 발견하거나, 좋은 자리를 선점하는, 우리가 컨트롤할 수 없는 어떤 '운'이라는 것이 반드시 따라줘야 한다고 믿습니다. 그 운은 언제, 어떤 모습으로 우리에게 찾아올지 아무도 모릅니다. 바로 오늘 당장 환한 미소를 띤 손님의 모습으로 찾아올 수도 있고, 1년 뒤, 혹은 10년 뒤에 전혀 예상치 못한 기회의 모습으로 문을 두드릴 수도 있습니다.

그렇다면, 그 언제 올지 모르는 '운'을 기다리며 우리가 해야 할 일은 과연 무엇일까요?

바로 그 '운'이라는 손님이 우리 가게 문을 두드렸을 때, 우리가 지쳐 쓰러져 있거나 가게 문을 닫아버린 상태가 아니도록, 실패하지 않고 꿋꿋하게 '버티는 것'입니다.

이 글들을 통해 제가 그토록 '실패하지 않는 법'에 대해 구구절절 이야기했던 이유가 바로 여기에 있습니다. 세금 문제로, 직원 문제로, 상표권 문제로, 혹은 사소하지만 치명적인 실수들로 허무하게 무너지지 않고, 꿋꿋하게 우리 가게를 지키고 버텨내는 것. 그것이야말로 우리가 '운'을 맞이하기 위해 할 수 있는 최선의 준비이자, 가장 위대한 실력이라고 저는 굳게 믿습니다.

성공은 운이 결정할지 몰라도, 실패하지 않고 버티는 것은 우리의 의지와 노력으로 충분히 가능합니다.

하지만 사장님, 때로는 '폐업'도 가장 용감한 선택일 수 있습니다

제가 앞에서 성공의 운이 올 때까지 '버티는 것'이 실력이라고 말씀드렸습니다. 하지만 사장님, 여기서 우리가 반드시 구분해야 할 것이 있습니다. 전략적으로 상황을 판단하고 다음을 기약하며 버티는 것과, 그저 막연한 희망과 아까운 미련 때문에 하루하루 빚만 늘려가며 그저 '버티기 위한 버팀'을 하는 것은 전혀 다른 이야기입니다.

만약 버티면 버틸수록 상황이 더 나빠지고, 앞으로의 시장 상황이 나아질 기미가 전혀 보이지 않는다고 냉정하게 판단된다면, 사장님, **그때는 과감하게 '폐업'을 선택하셔야 합니다.**

사장님, **전략적인 계산에 의한 폐업은 절대 실패가 아닙니다.** 오히려 더 큰 나락으로 떨어지는 것을 막고, 다음 기회를 도모하기 위한 가장 용감하고도 현명한 '선택'일 수 있습니다. **진짜 실패는, 무수히 쌓인 빚더미 위에서 더 이상 아무것도 선택할 수 없는 무기력한 상태에 이르렀을 때, 바로 그때 찾아오는 겁니다.**

저 또한 그랬습니다. 저는 오랫동안 배달음식점을 운영했지만, 어느 순간부터 배달앱의 과도한 수수료 정책과 가맹점주들을 힘들게만 하는 운영 방식이 앞으로도 절대 변하지 않을 것이고, 이 불합리한 구조 안에서는 더 이상 희망을 찾기 어렵다고 예견했습니다.

그래서 저는 제 사업이 한창 잘 돌아가고 있었음에도 불구하고, **2023년에 과감히 폐업을 결정했습니다.** 주변에서는 다들 "왜 잘 되는데 그만두냐."고, "조금만 더 버텨 보라."고 말렸지만, 저는 더 큰 손해를 보기 전에 저만의 '전략적인 퇴각'을 선택했던 겁니다.

그리고 지금, 2025년이 된 현재, 배달의민족 같은 배달앱들은 역대 최대 매출과 영업이익을 기록하고 있다는 뉴스가 연일 나오고 있습니다. 제 예상이 틀리지 않았던 거죠. 만약 제가 그때 미련을 버리지 못하고, 그저 막연하게 계속 버티고만 있었다면, 아마 지금쯤은 훨씬 깊은 좌절감에 빠져 있었을지도 모릅니다.

그렇게 가게를 정리하고 나니, 저에게는 오히려 새로운 기회가 찾아왔습니다. 음식점을 운영할 때, 머리도 식힐 겸 취미 삼아 틈틈이 공부했던 코딩 실력을 발판 삼아, 지금은 저와 같은 사장님들의 골치 아픈 돈 관리를 조금이나마 덜어드리고자 가계부 어플리케이션인 '일기월장'을 만들어 운영하고 있습니다. 그리고 제가 사는 강화도에서, 저처럼 작은 가게를 운영하시는 소상공인 사장님들을 대상으로 **AI 기술을 어떻게 하면 우리 장사에 똑똑하게 활용할 수 있는지에 대한 강의도** 하고 있습니다.

폐업이 제 인생의 끝이 아니라, 오히려 저에게 새로운 시작을 위한 문을 활짝 열어 준 셈입니다.

사장님, 장사라는 길, 정말 외롭고 고되고 힘든 길입니다. 저도 그 길을 직접 걸어 봤기에, 지금 이 순간에도 가게의 불을 밝히고, 의자를 정리하며, 내일 찾아올 손님을 기다리는 사장님들의 그 고단하고도 간절한 마음을 조금이나마 헤아릴 수 있습니다.

부디 저의 부끄러운 실패담이 사장님의 험난한 여정에 작은 이정표가, 그리고 혹시라도 너무 지치고 힘든 날에는 "그래, 나만 이렇게 힘든 게 아니구나. 이런 실패를 딛고, 또 다른 길을 찾아낸 사람도 있구나." 하는 작은 위로가 되었기를 바랍니다.

끝으로 이 힘든 여정을
가장 가까이에서 응원해 준 와이프에게
고맙다는 인사를 남겨 봅니다.